LE SILLON

R
18767
1er CONGRÈS RÉGIONAL
DES CERCLES D'ETUDES de l'Est
tenu à BELFORT
et Promenade-Meeting
AU BALLON D'ALSACE
Sous la Présidence
DE MARC SANGNIER
PENTECÔTE 1903.

MARC SANGNIER

Président du " Sillon " à Páris

PREMIER CONGRÈS RÉGIONAL

DES

CERCLES D'ÉTUDES DE L'EST

Tenu à BELFORT

Sous la Présidence de MARC SANGNIER

Le Dimanche de la Pentecôte, 31 Mai 1903

AU GRAND CERCLE DE LA RUE DES BARRES

ET

PROMENADE-MEETING AU BALLON D'ALSACE

Le Lundi 1er Juin 1903

————— ✳ —————

BELFORT

Imprimerie Veuve Pélot-Martelet

—

1903

Le Congrès du " SILLON " à Belfort

Le Congrès du Sil-
lon à Belfort, le
Dimanche de la Pen-
tecote, et le Meeting
du lendemain au
Ballon d'Alsace ont
été un grand et ma-
gnifique succès.

De ce succès doit
remonter la gloire au
Maître que nous ser-
vons, et ce nous a été
un puissant réconfort
de le pouvoir inter-
préter comme une
réponse de sa divine
Bonté à la générosité
avec laquelle, les jeunes gardes du Sillon lui avaient donné, peu
de jours auparavant, les prémices de leur sang.

Samedi soir

Dès six heures, commencent les premières arrivées. Les commissaires du Congrès sont à la gare ; on les distingue à leur bras-
sard rouge, blanc, bleu, sur lequel se détache en lettres d'or :
« Le Sillon - Belfort ».

A mesure que les trains amènent des délégations, celles-ci sont
conduites à l'Institution Sainte-Marie, où chacun passe au
contrôle, reçoit un numéro d'ordre et va reconnaître sa place au
dortoir.

A 8 heures, le dîner réunit déjà 72 congressistes. A 11 heures du soir, tous les lits sont occupés et les derniers venus n'ont plus qu'un matelas et une couverture. Que sera-ce le lendemain ? Sûrement nous manquerons de paille, car de maintes localités on s'était annoncé deux ou trois et l'on vient quatre ou cinq.

Journée du Dimanche

Les trains du matin continuent à déverser les flots de congressistes qui arrivent de toutes les directions. Les commissaires sont sur les dents, le bureau du contrôle, assailli. Tout pourtant se passe avec le plus grand ordre, même lorsqu'à 8 heures, l'organisation et l'administration changeant de domicile, on se transporte au Grand Cercle, rue des Barres.

Le Cercle, très isolé, construit sur une esplanade qui domine Belfort, avec une terrasse ombragée d'où la vue s'étend sur les Vosges, est un local merveilleusement choisi pour un Congrès.

En attendant l'heure de la messe, nos camelots circulent dans les groupes, vendant le *Sillon*, le compte-rendu de la réunion des Mille-Colonnes, les cartes postales de la Jeune Garde et de Belfort.

La Messe

Dans la grande salle transformée en chapelle, 450 congressistes sont réunis pour entendre la Sainte Messe, célébrée par M. l'abbé Rémond. On chante à pleine voix les cantiques : *Je suis Chrétien, Nous voulons Dieu* et le *Credo*.

A l'Évangile, M. le Chanoine Humbrecht, curé de St-Joseph, adresse aux congressistes une vibrante allocution, si pleine des sentiments familiers aux démocrates chrétiens, qu'on entend plusieurs des nôtres dire à leur voisin : « Il est du Sillon, n'est-ce pas ? » Voici les principaux passages de ce beau discours :

Messieurs,

Venus des différents points de la France, de l'Alsace, de la Suisse et de l'Italie, vous avez voulu, avant de commencer les travaux du congrès, demander à Dieu le secours de ses lumières. Si la parole d'un prêtre vivant depuis vingt ans au milieu des ouvriers peut exciter encore votre zèle, je m'estimerai heureux d'avoir contribué au succès de votre réunion.

Hier soir encore, j'ai entendu l'inévitable censure derrière laquelle se retranchent trop des nôtres : « A quoi bon ces Congrès? Quel résultat ont-ils jamais produit ? » Je m'élève le toutes mes forces contre ces récriminations stériles et cette désespérance faite de mauvaise humeur et j'affirme, que la furieuse tempête qui nous assaille aujourd'hui, devrait être au moins une raison pour les catholiques de multiplier plus que jamais leurs efforts, de renouer entre nos populations les liens de la solidarité chrétienne et d'opposer à la rage qui détruit, le travail qui reconstruit.

D'ailleurs est-il vrai que vous obteniéz si peu de résultats ? Dire vos œuvres et les avantages de vos réunions populaires, c'est répondre à cette question.

Pour que le travail soit fécond, il doit se faire en commun ; il faut donc que les hommes d'action se connaissent et se groupent. J'avais à cœur de voir et d'entendre les orateurs et les champions de notre cause; et voici que les rassemblements chrétiens me procurent cette joie, je les vois, je les entends. Ce sera pour moi un renouveau d'énergie, un stimulant et comme dit saint Paul, une provocation à la charité et aux bonnes œuvres.

Oui, une provocation à la charité, comprise non pas seulement dans le sens utilitaire que le monde lui donne, mais envisagé surtout comme l'amour de Dieu, mobile de toutes les grandes œuvres. Ne confondons pas la charité avec la philanthropie, ne la dépouillons pas du caractère surnaturel qu'elle emprunte à la foi. Sans ce sentiment chrétien, la flamme du sacrifice et de l'Apostolat serait bien vite éteinte dans les âmes.

Or cette charité divine, vous venez la demander à Dieu, au pied de cet autel, et cette demande qui est en même temps un hommage et une prière vous grandit aux yeux des hommes.

Votre deuxième action, c'est de préluder par l'étude au grand combat qui vous attend dans la vie, c'est de faire vos premières armes dans les luttes de la doctrine, le regard fixé sur Dieu, le Décalogue et l'Evangile.

Mais l'étude n'est point suffisante, il faut encore l'organisation, les vertueuses et viriles résolutions, la persévérance dans vos entreprises et un même plan d'action.

Et par là, j'entends que tous vos Instituts populaires, tous vos Cercles d'Études, si nombreux déjà, doivent unir leurs activités et leurs forces, de manière à former un vaste faisceau enveloppant toutes les bonnes volontés, ayant un comité d'initiative, destiné à porter au loin le conseil et l'encouragement, mais en laissant, si vous le voulez bien, à chaque groupement son autonomie.

Ainsi seulement, Messieurs, grâce à l'union, à un même plan de campagne, à une étroite communauté de vues, vous repousserez d'un seul cœur et d'une seule âme un même ennemi ; sinon l'histoire enregistrera, comme en l'année terrible, de beaux faits d'armes, de patriotiques élans, mais quand même hélas, une défaite lamentable et complète.

Donc en avant pour Dieu et son Église, pour la France et la Liberté ! En avant pour le monde du travail !

Au moment où les empoisonneurs répandent partout des idées d'athéisme, de collectivisme, vous marcherez pour la lutte contre les mauvaises doctrines, en respectant, mieux encore, en aimant les personnes.

Vous éclairerez les esprits à la lumière des vérités morales et religieuses, vous fortifierez les cœurs et les volontés au contact de vos convictions profondes et désintéressées.

Montrez qu'en France il y a des catholiques généreux qui ne veulent pas toujours être victimes, qui revendiquent eux aussi la liberté de travailler au bien de leur pays, qui surtout aiment le peuple, ce peuple simple et droit qu'on trompe toujours, mais dont vous dissiperez aisément les préjugés, puisque vous serez nettement pour la justice et la vérité.

Montrez au monde qu'on peut être catholique sans être rétrograde et servir Dieu avec la noble humilité d'hommes libres.

Et alors, bientôt peut-être, on verra la France se relever plus chrétienne et plus robuste que jamais ; vous aurez répondu à l'interrogation inquiète que formule Léon XIII, quand il se penche vers la fille aînée de l'Église et qu'il la conjure de ne pas abandonner les nobles traditions qui l'ont fait si belle, si chevaleresque et si forte. »

A la communion, beaucoup de congressistes s'approchèrent de la table sainte.

N'est-ce pas dans la fréquentation des Sacrements que les meilleurs d'entre nous puisent la force et le courage avec lequel ils mènent le bon combat.

Une courte récréation suivit la Sainte Messe, pour permettre de rendre à la salle de réunion son aspect ordinaire.

1re SÉANCE

Présidence de Marc Sangnier

Le Mouvement des Cercles d'Études dans l'Est

Marc Sangnier préside, ayant à ses côtés Messieurs Cousin et Brunhes.

Marc Sangnier redit en quelques mots les scènes des Mille-Colonnes et du Meeting Sanglant. Nos amis applaudissent ; ils veulent savoir l'état des chers blessés dont on sent bien qu'ils envient le sort ; Marc répond qu'ils sont hors de danger maintenant et prêts pour de nouvelles luttes. Puis : « Nous avons fait notre devoir en nous battant, dit-il, continuons à le faire en travaillant ; c'est pour travailler que nous sommes réunis. »

Le camarade Gay, de Belfort, prend alors la parole ; il s'est chargé du premier rapport :

Rapport sur le Mouvement des Cercles d'Études dans l'Est :

Lorsque j'ai accepté de présenter au Congrès un rapport sur le mouvement des Cercles d'Études dans l'Est, je me lançais tout à fait dans le vague et l'inconnu. A ce moment, nous n'avions que de très rares indications sur quelques groupements de notre région.

Jusqu'au dernier moment, j'ai pu craindre de me trouver réduit à mes seules ressources et obligé de forger ce rapport de toutes pièces. Heureusement l'approche du terme, et aussi, il faut bien le dire, une correspondance considérable, ont fini par secouer les énergies endormies.

Nous avions demandé que l'on nous renvoie les questionnaires avant le 15 Mai, en réalité c'est à partir du 15 que nous les avons reçus. Je ne mentionne cette circonstance que pour expliquer pourquoi je serai très bref sur plusieurs cercles pourtant intéressants.

Notre enquête a cependant porté des fruits, puisque nous réunissons aujourd'hui les représentants de 157 localités, parmi lesquelles nous relevons l'existence de 25 Cercles d'Études. C'est un progrès depuis le

Congrès de Tours, où notre ami Gonin ne pouvait mentionner que 4 ou 5 cercles, pour les départements qui nous intéressent aujourd'hui : Meurthe-et-Moselle, Vosges, Haute-Marne, Haute-Saône, Doubs, Côte-d'Or, Jura et Territoire de Belfort.

Mais aussi, nous devons constater que tous ces cercles sont de fondation très récente. A part le cercle de Plombières, qui se glorifie d'être un des doyens de la région, et celui de Belfort, qui remonte à Novembre 1900, tous les actes de naissance datent de la fin de 1902 ou des premiers mois de 1903. Peut-être même l'annonce du présent Congrès n'a-t-elle pas été étrangère à ces dernières fondations.

Le jeune âge de ces cercles explique qu'ils n'aient encore que peu d'œuvres à leur actif. Mais, dès le début, ceci est manifeste : l'esprit d'union démocratique du Sillon a été fort bien compris, car nos cercles réunissent, suivant les localités, tous les éléments les plus variés : membres du clergé, ouvriers, étudiants, commerçants, employés, cultivateurs, qui tous travaillent dans le même esprit et suivent les mêmes méthodes.

D'ailleurs, malgré leur jeunesse, ces cercles semblent très vivants et bien décidés à grandir. Une revue un peu plus détaillée vous en convaincra.

Au Nord, NANCY nous arrive avec une organisation fondée en Avril 1902, et déjà solide. Le Sillon Lorrain, qui déborde le cadre d'un simple Cercle d'Études, constitue un groupement interparoissial, calqué sur le Sillon de Paris ; il étend son action sur toute la ville et la banlieue de Nancy, où il a organisé deux réunions publiques, amorcé la fondation d'une mutualité à Malzéville, et établi un Cercle d'Études nouveau sur la paroisse Saint-Épvre. Il possède une salle de travail et une bibliothèque dont ses membres usent effectivement. C'est là un type d'organisation qui convient à une grande ville, dans laquelle un seul cercle serait insuffisant.

Au dernier moment nous avons aussi reçu l'adhésion du Cercle des Conférenciers de l'Action Libérale Populaire, qui constitue à Nancy un groupement important et actif.

Le département des VOSGES se signale par une grande activité, et plus encore de bonnes volontés naissantes.

THAON possède un cercle nombreux, fondé en Septembre 1902 par M. le curé de Thaon, qui ne se contente pas de petites réunions intimes. Chaque quinzaine, pendant l'hiver, une conférence publique a eu lieu devant une moyenne de 200 auditeurs. En outre, le Cercle a fondé une Société de Secours mutuels, la FAMILIALE THAONNAISE. Tous nos compliments à nos camarades, et souhaitons-leur de nombreux imitateurs.

PLOMBIÈRES et REMIREMONT ont également de jeunes cercles, indépendants de toute autre organisation. Remiremont, qui recrute ses membres dès l'âge de 13 ans, est divisé en 2 sections : la section cadette peut être considérée comme un embryon de Patronage, il est à souhaiter qu'elle le devienne tout à fait.

MIRECOUR et LA BRESSE ont formé leurs Cercles d'Études au sein de patronages déjà existants ; c'est là un exemple qui devrait être plus suivi.

Les deux Cercles de SAINT-DIÉ sont arrivés parmi les retardataires, ils ont cependant droit à une mention.

Si nous passons à la HAUTE-SAÔNE, nous ne trouvons que deux cercles organisés : et encore, ce sont deux Cercles jumeaux un peu spéciaux, formés entre les élèves de l'Ecole d'Agriculture et du Collège Secondaire de SAINT-REMY. La fondation toute récente de ces Cercles, qui peut-être verront bientôt tarir leur source par les fantaisies de M. Combes, est un acte de foi et d'énergie qui doit entraîner les faibles et les méfiants, tentés de croire qu'il n'y a rien à faire en ce moment : faisons toujours notre devoir et n'anticipons pas sur des circonstances que nous ne connaissons pas encore, pour nous forger à nous-mêmes des barrières. Quel que soit l'avenir de ces Cercles, les jeunes gens qui auront vu leurs débuts seront, lorsqu'ils auront quitté leur collège, des messagers de la bonne nouvelle, et nous comptons bien qu'ils sauront développer des cercles existants ou provoquer de nouvelles fondations.

Dans le DOUBS, nous retrouvons un peu plus d'activité.

BESANÇON arrive en tête avec 4 cercles importants, ayant chacun son caractère bien distinct. Deux Cercles d'ouvriers rattachés au patronage de la Madeleine et à l'association Jeanne d'Arc, un Cercle d'étudiants, la Conférence Saint-Thomas-d'Aquin et une Conférence d'Œuvres au Grand Séminaire.

Nous sommes particulièrement heureux de signaler cette réunion, qui fonctionne depuis deux ans ; elle nous montre que le clergé de notre Diocèse entend marcher résolument dans la voie de l'action sociale recommandée par Léon XIII. Ce Cercle sera une pépinière qui certainement contribuera beaucoup au développement de notre mouvement dans la région de l'Est, en nous donnant un jeune Clergé préparé aux organisations nouvelles, sachant comment s'y prendre pour être véritablement uni au peuple. Nous éviterons ainsi des réponses découragées, pessimistes, ou des lettres manifestant aussi peu de bonne volonté que celles que nous avons reçues de plusieurs centres importants du diocèse.

MONTBÉLIARD possède un cercle de 20 membres, qui suivent un programme d'études régulier sur les questions sociales, l'apologétique et l'histoire contemporaine. Ce Cercle a, par son active propagande, contribué à la fondation de plusieurs Cercles d'Etudes Ruraux.

BEAUME-LES-DAMES, avec des débuts modestes, mais un esprit d'apostolat déjà très développé, donne beaucoup d'espoir.

Ces deux Cercles se sont beaucoup remués et nous ont recruté pour le congrès de nombreux adhérents, qui seront, nous n'en doutons pas, de bonnes recrues pour l'avenir.

MAICHE nous donne l'exemple d'un Cercle d'Études Rural, de fondation récente, mais très actif et qui a tenu à manifester son union intime avec le " Sillon ", en envoyant, malgré la distance, un groupe important de ses membres à ce congrès. Ce Cercle nous signale qu'aucune organisation sociale, mutualité ou syndicat, n'existe dans sa région : c'est une bonne occasion pour nos amis de prendre la tête du mouvement.

Enfin, parmi les Cercles tout nouveaux-nés, il faut citer celui de PONTARLIER, qui réunit déjà 12 membres.

Tout près de Besançon existait encore il y a quelques mois un cercle bien constitué et très actif, réunissant hommes et jeunes gens. Il prospérait si bien que M. le Maire s'en émut ; et comme le Cercle s'assemblait au presbytère, le maire trouva moyen de le ruiner en rendant impossibles ces réunions. Espérons que ce n'est là qu'un contre-temps passager, et que le cercle de ROCHE se réveillera plus vigoureux, le jour où il aura pu trouver un local plus indépendant.

Dans un département voisin, l'exemple de CHAUMONT est là pour nous montrer qu'il ne faut pas perdre confiance. Un Cercle formé il y a 6 ans à Chaumont, s'étant quelque peu aventuré sur le terrain politique, à un moment où il n'était pas encore très vigoureux, eut aussi à compter avec des forces qui le réduisirent quelque temps au silence. Cependant, un Cercle d'Études vient de se reformer au Patronage Saint-Louis-de-Gonzague, et malgré les difficultés qu'il rencontre pour le moment dans son recrutement, on peut espérer qu'il retirera de ses précédentes épreuves un vigueur nouvelle.

Plus loin d'ici, CHALONS-SUR-SAONE nous signale 3 Cercles d'Études avec 80 membres au total.

Enfin le TERRITOIRE DE BELFORT présente les Cercles de Belfort et de Beaucourt avec un total de 60 membres.

Il serait injuste maintenant de ne pas dire un mot de toutes les bonnes volontés qui se sont manifestées à l'occasion du congrès.

ROUGEGOUTTE, l'ISLE-SUR-LE-DOUBS, HAUT-DU-THEM, nous ont renvoyé leurs questionnaires avec cette mention, que si le Cercle n'existe pas encore, il y a des éléments pour le constituer et que l'on désire le voir se développer : souhaitons que l'automne prochain nous apporte de nombreuses éclosions.

Nous avons reçu également des témoignages de sympathie qui, espérons-le, porteront leurs fruits, de VESOUL, GRAY, CHAMPAGNEY, SANCEY-LE-GRAND, LODS, ORNANS, PONT-DE-ROIDE, ÉPINAL, RUREY, et d'autres encore, où existent des groupes de jeunes gens ou bien des patronages qui, s'ils n'ont pas encore constitué de Cercles d'Études, en comprennent l'opportunité et désirent marcher de l'avant.

De plus loin encore, LONS-LE-SAUNIER manifeste la volonté ferme de créer des Cercles, et nous avons reçu de Bourg une intéressante lettre d'où il résulte que si nous avons là-bas quelques sympathies isolées, tout est à faire pour secouer l'apathie des populations bressanes.

Enfin il me faudrait citer presque toutes les paroisses du Territoire de Belfort pour dire combien l'idée des Cercles d'Études rencontre de sympathie.

C'est le plus grand nombre et cela nous suffit pour ne pas trop nous inquiéter des retardataires qui par timidité, manque de confiance, nous laissent entendre qu'il n'y a rien à faire chez eux.

Et maintenant, que conclure de cette enquête ?

Nous ne sommes dans l'Est qu'au début du mouvement que nous voulons développer, il reste beaucoup à faire.

Si les quelques échecs que je vous ai signalés nous montrent les obstacles et les difficultés à vaincre, les résultats obtenus jusqu'à ce jour sont suffisants pour nous encourager et nous assurer que nous sommes engagés dans une voie utile et féconde.

Je suis donc amené à vous entretenir de la formation des Cercles d'Études et des moyens de leur donner une vie durable.

Que doivent donc être nos cercles d'études ? Avant tout, des groupes d'initiative, des foyers d'activité qui arrivent à créer autour d'eux, par les conférences, la presse, les œuvres sociales, et souvent par de simples causeries, un mouvement d'opinion en faveur des idées démocratiques et catholiques, seules capables d'assurer à notre pays pacifié et rechristianisé un réel bien-être moral et matériel ; puis, en s'appuyant sur cette opinion publique éclairée par eux ils travailleront par une action incessante, à l'organisation démocratique, à l'épanouissement du mouvement syndical et mutualiste, de la législation ouvrière.

La salle du Banquet à l'Institution Sainte-Marie

Pour en arriver là, il faut donc que les Cercles d'Études soient une élite, composée de jeunes gens dévoués, résolus à sacrifier s'il le faut aux intérêts de la cause commune, une part de leur repos et de leurs plaisirs personnels.

Pour constituer cette élite, il n'est pas nécessaire de viser au grand nombre ; et je réponds là à l'une des objections que l'on nous a présentées : « Dans notre village, nous dit-on, les jeunes gens, ouvriers ou cultivateurs, ne manifestent aucun goût pour les études sérieuses, et aucun d'eux ne pourrait suivre avec fruit les travaux de votre Congrès ».

Sans doute, si nous voulions faire entrer tous les jeunes catholiques dans le cadre restreint de nos Cercles d'Études, nous nous tromperions étrangement. Il en est auxquels ce genre d'occupation ne convient nullement. De plus, un trop grand nombre est nuisible à la bonne marche d'un Cercle d'Études, car beaucoup qui exposeraient leurs idées très simplement dans un petit groupe d'intimes, et s'habitueraient ainsi à les préciser et à s'instruire eux-mêmes, ne pourront se décider à prendre part à une discussion nombreuse. Enfin, une assemblée trop nombreuse ne peut avoir la cohésion et la force nécessaires pour une action effective et pratique. C'est pourquoi les 25 Cercles d'Études dont je vous ai parlés ne réunissent guère plus de 450 membres.

Mais l'expérience a prouvé qu'il est toujours possible de trouver dans une paroisse, ne fut-ce que 4 ou cinq jeunes gens ou hommes désireux de s'éclairer sur les questions religieuses ou sociales, et qui ne le font pas, non parce qu'ils sont incapables, mais parce qu'ils n'en trouvent pas l'occasion.

Qu'un homme de bonne volonté, clerc ou laïque, se mette à leur disposition pour leur fournir, comme conseiller du Cercle, les premiers éléments de cette instruction mutuelle, et vous les verrez bientôt s'intéresser d'eux-mêmes à leur œuvre et développer en eux ce goût qui semblait leur manquer.

Il est un second point fort important à mettre en lumière : pour qu'un Cercle d'Études puisse constituer une élite, il est indispensable que la source de son activité se trouve dans les convictions fortement chrétiennes des membres du Cercle. Là seulement nous trouverons une base solide, un terrain d'entente inexpugnable, la confiance qui nous est nécessaire pour soutenir jusqu'au bout la lutte ; ne sachant pas si nous verrons le résultat de nos efforts, mais certains que Dieu tiendra compte de notre bonne volonté, et que si nous faisons sans trève tout notre devoir de chrétien, la France et l'Eglise en recueilleront quelque jour les fruits.

Cette pensée n'est-elle pas utile, en ces jours où plusieurs pourraient se décourager, si nous ne nous souvenions de la parole de Jeanne d'Arc : « En Nom Dieu, je vous le dis, les gens d'armes batailleront, et Dieu donnera la victoire ».

C'est aussi dans la connaissance et la pratique de notre religion que nous trouverons l'appui le plus solide de l'idée démocratique, fondée sur l'amour et sur l'égalité des âmes : l'Evangile est notre code immortel ; nous y puiserons le respect de nos adversaires et la tolérance la plus large. Ces sentiments n'excluent d'ailleurs pas la défense vigoureuse lorsque nous sommes attaqués, ni l'ardent et actif désir de dissiper, par l'instruction et la libre discussion, les ignorances qui bien souvent sont la seule barrière réelle entre nous et ceux qui nous combattent. —

Pour assurer à nos cercles ce recrutement de jeunes gens véritablement chrétiens, il importe de s'y prendre de bonne heure. Et ceci me conduit tout naturellement à parler des relations étroites qui doivent exister entre nos Cercles et les Patronages.

Plus que jamais, à mesure que se développe l'école laïque et que diminue l'école libre, le patronage est une impérieuse nécessité. Que la formation des Cercles d'Études ne détourne aucune énergie des Patronages, c'est là un point essentiel, mais qu'au contraire les Cercles d'Études aident à la fondation et à la direction des patronages.

Notre clergé en est, je crois, parfaitement convaincu, ainsi que l'exprime une lettre d'un curé de village, qui, installé depuis peu, nous écrit : « Bien que j'aie commencé à réunir quelques jeunes gens, je dois dire que les résultats obtenus sont trop modestes pour qu'il me soit permis d'en parler. Toutefois j'ai confiance dans l'avenir, car je constate de plus en plus qu'il faut commencer de bonne heure l'éducation sociale des jeunes gens. Alors, quand nos petits seront devenus grands, peut-être aurai-je quelques bonnes recrues pour vos Congrès ».

Donc, que dans les Patronages on oriente de bonne heure l'esprit des enfants vers les idées sérieuses ; qu'on leur montre dans la religion, non seulement un aliment pour le cœur et une règle pour la conscience individuelle, mais qu'on leur en fasse sentir toute la portée sociale. Cela viendra tout naturellement, en leur parlant des questions d'organisation du travail, d'épargne mutuelle, de salaires, qu'ils rencontrent à leur entrée dans la vie. Ainsi ils sauront dès leur enfance qu'il y a un lien étroit entre leurs intérêts moraux et leurs intérêts matériels, et que la religion, loin d'être une entrave au plein épanouissement de leur vie, sera au contraire leur meilleure garantie de bonheur dès ici-bas.

Ainsi se développera en eu   le goût de ces études, et il sera alors

tout naturel d'organiser, parmi les aînés de ce patronage, un Cercle d'Études qui sera solide parce qu'il ne sera pas fondé sur le sable.

Ces Cercles, une fois constitués, que sera leur vie ? Sur ce sujet, les réponses au questionnaire se résument à peu près à ceci : il n'y a pas encore de méthode, d'ordre bien déterminé dans les travaux des Cercles d'Études. Ce sont le plus souvent des causeries détachées, de petites conférences sans lien, sur des sujets pris un peu au hasard, suivant l'idée du moment. Quelques Cercles cependant se sont attachés à suivre un programme, en prenant comme canevas un ouvrage d'économie sociale.

En somme, la méthode est encore rudimentaire, parce que les cercles sont très jeunes. Cette liberté, cette initiative ont d'ailleurs leurs bons côtés, et il ne me viendrait pas à l'idée de vouloir réglementer nos réunions au point d'en faire des sortes de classes avec un programme rigide et peut-être ennuyeux.

Mais il serait bon toutefois de ne pas laisser complètement au hasard le soin de faire marcher le cercle et de mettre un peu d'ordre dans son travail.

À mon avis, le moyen le plus fécond serait de diviser les études en deux parties. Si l'on se réunit chaque semaine, comme c'est le cas le plus général, on pourrait par exemple alterner les séances se rattachant à un programme suivi, et les causeries sur des sujets détachés.

Dans la première partie, trouveraient place des études sur les principes, sur les grandes questions, religieuses, sociales ou historiques d'ordre général. Il serait bon, pour coordonner et faciliter le travail des conférenciers, de tracer au début de l'année un programme, et de prendre pour canevas, par exemple un traité d'économie sociale, ou un précis religieux ou historique dont chacun à tour de rôle devrait analyser et commenter un chapitre. Les bibliographies que publie parfois le " Sillon " et qu'il développera encore, donnent à ce sujet d'utiles renseignements, et c'est le rôle des conseillers de cercles de tracer ces programmes.

La seconde partie des études devrait être réservée à des sujets dictés par les circonstances. Nous devons en effet éviter de nous attarder à des questions usées, rebattues, et qui ont surtout un intérêt historique ou documentaire. Nous devons aller de l'avant, étudier les problèmes nouveaux que la vie sociale pose chaque jour devant nous.

La matière de ces études se trouvera facilement dans les articles de revues et de journaux, dans les évènements locaux ou généraux, dans les projets de loi déposés à la Chambre, dans les réunions et les travaux d'autres groupes sociaux, soit adversaires, soit sympathiques.

L'examen de la situation des œuvres sociales dans la région, syndicats, coopératives, mutualités, doit aussi fournir un aliment à ces causeries détachées.

Sur ce terrain des œuvres sociales, les Cercles ne doivent pas s'en tenir à une simple étude théorique. Dès qu'ils se sentiront assez forts,

Le banquet

ils devront y prendre une part active. De quelle manière ? s'est-on souvent demandé. Il y a ici deux cas : s'il n'existe aucun groupement social, que les Cercles n'hésitent pas à se mettre en tête du mouvement et à provoquer des fondations nouvelles, en y apportant d'ailleurs l'esprit le plus large et se souvenant bien qu'il n'est pas de meilleur

terrain d'entente entre gens d'opinions très diverses, mais d'une égale
bonne volonté. Mais s'il existe déjà des sociétés de ce genre, il ne serait
pas bon, à moins d'hostilité marquée, d'en créer de nouvelles, qui ne
pourraient être que des causes de division et de faiblesse. Il faut donc
entrer dans les sociétés existantes, y apporter un esprit droit, cordial,
large ; sans chercher à mettre nos convictions religieuses là où elles
n'ont que faire, il suffit que notre présence témoigne que la vie
chrétienne n'a rien d'incompatible avec le souci des intérêts matériels
légitimes.

Un de nos correspondants attire également notre attention sur la
nécessité qu'il y aurait de mettre au programme des cercles, quelques
études sur l'action sociale à la caserne. Ce point fait l'objet d'une petite
note de notre correspondant, que je vous signalerai tout à l'heure.

L'organisation des bibliothèques et des salles de travail, serait un
précieux auxiliaire pour les Cercles d'Études. Malheureusement jusqu'ici
elles semblent avoir eu peu de succès. Mais on aurait tort d'en tirer
argument pour les condamner sans appel. Une expérience aussi courte
que celle de nos Cercles ne suffit pas : le plus souvent d'ailleurs, à ce
qu'il semble, ce sont des conditions matérielles locales qui ont été une
entrave momentanée, mais non insurmontable, à cette organisation.

Pour que les salles de travail soient fréquentées, et par conséquent
utiles, il est encore nécessaire qu'elles soient d'un accès facile, ouvertes
fréquemment (le mieux serait tous les soirs), afin que chacun puisse y
aller au moment qui lui convient le mieux, et organisées d'une façon
attrayante. C'est à notre avis une erreur qui se manifeste dans plusieurs
réponses, de constituer les bibliothèques uniquement de revues et
d'ouvrages sociaux : cela est parfois un peu aride et austère. Il faudrait
qu'à la salle de travail on trouve également les journaux politiques,
une revue illustrée, une revue de vulgarisation scientifique, telle que la
" Nature ", à côté des revues d'action sociale et religieuse.

Tout cela entraîne des frais, je le sais, et ne peut se faire en un
jour.

De plus, une organisation sérieuse devient nécessaire. Partout où
ils se sont créés, les Cercles d'Études se sont développés sans règles bien
fixes, sans statuts rédigés, et ils ne paraissaient pas s'en trouver plus
mal.

Cependant, à mesure que nos Cercles grandissent, il faut qu'ils se fortifient, qu'ils marchent bien d'accord, qu'ils constituent des cadres capables de guider l'armée catholique : Organisons-les donc.

Tout d'abord, il ne faut pas que l'admission des membres nouveaux soit livrée au hasard : il est inutile de faire entrer dans les cercles d'études des jeunes gens qui ne seraient pas à même d'en retirer quelque profit ou d'y rendre de réels services. A ce point de vue, les cercles qui imposent un STAGE D'ESSAI avant de prononcer une admission définitive, me paraissent être dans la bonne voie.

Il faut aussi que l'organisation du Cercle prévoie l'obligation d'une cotisation régulière parmi ses membres. Cette cotisation, réglée d'après la composition du cercle pour être à la portée des ressources de tous, peut être minime, mais il est bon que l'obligation en soit strictement maintenue. Le Cercle en grandissant aura forcément des frais, pour les locaux, abonnements aux revues, bibliothèques, propagande et conférences publiques. Or, si nous pouvons parfois compter pour trouver des ressources, sur l'appui de membres honoraires, il ne faut pas que les membres du cercle se désintéressent de ces nécessités : ils s'y attacheront d'ailleurs d'autant mieux qu'ils auront consenti un léger sacrifice, et que les œuvres du Cercle seront à proprement parler leurs œuvres. Il est bon aussi de s'habituer de bonne heure à s'imposer pour le bien commun un sacrifice matériel.

Enfin, il faut que l'organisation d'un Cercle d'Études ne se renferme pas dans le rayon étroit de la localité où il est établi. Chaque Cercle doit se considérer effectivement comme une cellule du grand corps homogène que nous ne désespérons pas de voir les catholiques de France former bientôt. C'est une de nos grandes faiblesses que le manque d'union et d'entente. A quel point, cette cause de faiblesse existe parmi nous ? il suffit pour s'en rendre compte, de savoir combien il a fallu secouer les énergies endormies pour en arriver au groupement encore imparfait que nous avons réalisé aujourd'hui. Bien des lettres reçues témoignent que l'idée d'un congrès de jeunes, tout en étant très sympathique, paraissait une idée étrange, peu réalisable, tant on y était peu accoutumé. Souhaitons que sur ce point aussi l'éducation des catholiques se fasse rapidement.

Pour y arriver, il faut que dans les cercles on fasse une place à la revue périodique du mouvement social chrétien : ce mouvement, jusqu'ici, a été quelque peu incohérent, chacun cherchant à tracer son sillon de son côté. Que, sans enchaîner sa liberté, chaque groupement regarde ce que font les voisins, afin que les sillons soient tracés parallèlement, et que dans le vaste champ offert à notre travail il ne reste pas de partie inculte. Que les Cercles d'Études se tiennent donc en relation avec les autres groupes catholiques ou libéraux sincèrement résolus à travailler dans un esprit de concorde, de paix et d'union démocratique.

Mais une telle organisation ne peut aller sans discipline. Il est indispensable pour marcher d'accord, que les individualités sachent au besoin sacrifier leurs préférences. Nos adversaires nous donnent l'exemple : ne voyons-nous pas des groupes très différents, répondant à des opinions fort diverses, depuis les simples radicaux jusqu'aux socialistes révolutionnaires, faire bloc sur la seule idée de l'anticléricalisme.

Le "Sillon" conservera toujours son indépendance, son originalité, et, encouragé par de hautes approbations, par la bénédiction même du Saint Père, il n'hésitera pas à se maintenir à l'avant-garde du mouvement démocratique chrétien. Mais il tiendra à s'unir au mouvement général catholique, et à faire concorder son action avec celle de toutes les bonnes volontés qui se groupent sous des noms divers : Association Catholique de la Jeunesse, Chronique du Sud-Est, Commission des Patronages, Union Nationale, et, sur un terrain plus large encore, Action Libérale Populaire, et bien d'autres.

Cette organisation des forces catholiques doit trouver une forme définitive et solide dans nos Congrès Régionaux, si heureusement inaugurés cette année. Il ne faut pas que ces mouvements soient des feux de paille. Après cette journée si belle, si pleine d'espérances, nous allons nous séparer et retourner chacun à nos travaux. Mais que chacun dans sa région, travaille à créer de nouveaux Cercles, et que les anciens cercles comme les nouveaux restent en relation effective avec les groupements de leur région.

Ce Congrès n'est d'ailleurs que le premier : il se renouvellera chaque année. On arrivera ainsi à créer un échange permanent de renseignements, des organisations régionales ayant une vie intense.

Le "Sillon", devenu de plus en plus la revue de tous les Cercles d'Études, devra aussi développer sa chronique et sera l'organe central de tous les groupements régionaux.

Il est d'ailleurs très désirable que le "Sillon" nous tienne au courant de toutes les réunions tenues par les Associations voisines dont j'énonçais plus haut les principales, et sans oublier celles qui n'ont pas un caractère spécialement catholique. Les Cercles seraient ainsi renseignés sur l'ensemble du mouvement social, dont nous n'avons pas la prétention d'être les seuls soldats.

Enfin, pour donner plus de force et de cohésion à cette organisation qui nous paraît très nécessaire, il est à désirer que le Congrès National qui doit se tenir à Lyon l'année prochaine étudie la constitution du Sillon en une association légalement déclarée, qui serait la Fédération des Cercles d'Études de France, et en élabore les statuts.

Je suis loin, mes chers amis, dans ce trop long rapport, d'avoir examiné, et surtout approfondi toutes les questions qui sollicitent notre attention.

Si je me suis peu étendu sur l'esprit de large tolérance et de confiance dans l'avenir qui doit animer nos études, sur l'extension que nous devons donner à nos travaux, par les Conférences publiques et les Universités Populaires, c'est que je veux laisser à une voix plus éloquente et plus autorisée le soin de vous entretenir ce soir de ce grave sujet. De plus, comme vous.l'a fait voir ce rapport, nous n'en sommes encore dans l'Est qu'à la période de l'enfance. Si nous voulons faire œuvre durable, il ne faut pas précipiter les événements et bien des sujets qui ne peuvent trouver place aujourd'hui dans nos discussions, devront être abordés l'année prochaine lorsque, nos Cercles d'Études ayant une vie bien assurée, seront capables de prendre leur vol vers de plus larges horizons.

J'aurais voulu aussi vous donner quelques détails sur le mouvement d'Éducation Populaire officiel, rattaché à l'Ecole laïque. Malheureusement, j'ai déjà trop abusé de votre attention. Je n'ai d'ailleurs pas recueilli beaucoup de renseignements précis sur ce sujet. Je laisserai à nos amis de Besançon et de Nancy le soin de vous dire en quelques mots ce qui se fait chez eux. Ici à Belfort, les quelques conférences données par les instituteurs manifestent le plus souvent des préoccupations antireligieuses qui nous obligent malheureusement à compter leurs auteurs comme des adversaires.

Permettez-moi en terminant, pour mieux affirmer l'opportunité de notre mouvement d'Education Populaire, de vous citer quelques pensées récemment tombées de la plume d'un évêque, et qui résument admirablement notre but.

« La grande faiblesse de la France, écrit Mgr l'Evêque de Périgueux, c'est d'avoir le suffrage universel et de ne pas savoir s'en servir. » Mais peut-on indiquer un remède à cela ? Oui, le remède existe, c'est l'instruction du peuple, l'éducation du corps électoral.

Si donc l'on veut faire quelque chose de fécond, dans les graves circonstances où nous sommes, il faut, à côté de la mise en mouvement des moyens surnaturels tels que la prière et la pénitence, faire appel aux ressources humaines que la Providence a mises entre nos mains. Dieu nous enverra certainement son aide, mais cette fois, comme toujours, après que nous aurons mérité son intervention par notre bonne volonté personnelle, et tout spécialement par une coopération, fournie sous la forme que l'expérience m'autorise à proposer aujourd'hui.

Le remède que j'ai à indiquer, c'est donc l'instruction, mais, qu'on ne s'y méprenne pas, l'instruction ayant surtout pour objet les devoirs civiques et électoraux avec le dogme catholique et la morale chrétienne comme bases.

Actuellement, il y a comme une cloison étanche dans le cerveau de nos ouvriers et de nos paysans catholiques, entre le cours de leurs idées religieuses et celui de leurs opinions politiques : les deux choses marchent parallèlement sans jamais se rencontrer ; c'est la vie en partie double. Il faut la briser, cette cloison, car elle menace de se dresser comme une barricade fatale au progrès.

Il faut démontrer péremptoirement aux esprits que les deux ordres, celui des principes d'honnêteté chrétienne et celui des affaires politiques, industrielles ou autres, sont solidaires l'un de l'autre. Une entreprise sociale quelconque, un programme politique, quel qu'il soit, ne peuvent aboutir à des résultats heureux et durables s'ils sont en contradiction avec la morale. Or, quand on en vient à la pratique, il n'y a pas de morale sans religion : le bon sens le proclame et l'histoire le prouve.

Il faut arriver à faire comprendre par tous cette vérité de fait, que la poursuite exclusive des biens temporels sera toujours pleine de douloureuses surprises et de cruelles déceptions, tant qu'elle ne sera pas éclairée et réglée par les croyances religieuses, par la justice et la charité, telles que nous les fait connaître la conscience chrétienne ».

Le rapporteur donne ensuite lecture de la note suivante, qui lui a été communiquée par un correspondant militaire :

Note sur l'Action sociale à la Caserne

Pour remplir le mieux possible son devoir social, il faut le faire dans son milieu en modifiant sa manière d'être, selon les conditions de ce milieu. Beaucoup de jeunes gens, à la caserne, désertent leur devoir social, et croient se mettre en regle avec leur conscience en s'occupant d'œuvres extérieures. On ne peut pas courir deux lièvres à la fois. Ils accomplissent mal alors leur devoir d'état, chose déplorable au point de vue de l'ensemble qui est cependant un puissant levier social.

Le mal social est terrible à la caserne et le féroce égoïsme de beaucoup de ceux qui y passent en est la cause. Tous ceux qui ont cherché à éviter les corvées par des "embuscades", des tours de garde par des permissions fréquentes, de mauvaises ou soi-disant mauvaises garnisons, par des recommandations, des renvois en congé même ou des réformes temporaires ont-ils songé que les bonnes comme les mauvaises garnisons doivent toujours être occupées, que les corvées doivent toujours être faites, que les bonnes comme les mauvaises gardes doivent toujours être montées ? Qui donc à leur place sera dans ces mauvaises garnisons ? fera les corvées ? montera la garde ?

C'est le pauvre garçon sans instruction, mais surtout sans argent et sans recommandation, dont les parents meurent de faim là-bas bien loin et qui, rendu haineux tous les jours par les odieuses injustices du métier, sortira de l'armée, persuadé que là, plus encore qu'ailleurs, l'égalité n'est qu'un vain mot et que pas plus catholiques que libre-penseurs ne savent l'appliquer quand l'égoïsme a parlé.

Et cependant combien de misères morales il y aurait à guérir par la bonne camaraderie de chambrée, par l'autorité affectueuse d'un caporal ou d'un sergent s'intéressant à ses hommes, collaborateur dévoué de son officier dans l'œuvre sociale.

Le temps et l'espace me sont limités. Je supplie seulement les membres des cercles d'études qui vont partir au regiment de réfléchir sur ces questions et d'adopter le vœu suivant après en avoir mis les termes en face de leur conscience d'honnêtes gens et de chrétiens. Les membres du congrès des Cercles d'Études expriment le vœu :

1° Que tous les jeunes gens devant prochainement partir au régiment prennent devant leur conscience l'engagement d'y remplir leur devoir social.

A) en se soumettant entièrement à toutes les obligations du service militaire (garnisons, corvées, etc.)

B) en se faisant les AMIS de leurs camarades de chambrée.

c) en cherchant à étayer par des galons l'autorité morale que le bon exemple qu'ils donneront leur aura déjà fait acquérir, et se faisant ainsi les collaborateurs de leurs officiers.

2° Que dans les Cercles d'Études où ce sera possible, on prépare, par quelques causeries, les jeunes gens de la prochaine classe à leur rôle social.

Le " Sillon Lorrain " faisant le café au Ballon

Il faudrait pouvoir faire le compte-rendu in-extenso des intéressants débats qui ont suivi le rapport. Nous sommes malheureusement réduits à en donner un simple aperçu.

M. Marion, de la Conférence Saint-Thomas-d'Aquin, de Besançon, nous parle des beaux résultats déjà obtenus par ce

Cercle, qui compte 14 ans d'existence. C'est dans les grandes conférences organisées par cette œuvre, que Brunetière a prononcé plusieurs de ses discours de combat. Puis M. Marion entretient le Congrès de l'Université Populaire anticléricale de Besançon et d'un projet d'Institut Populaire du genre de ceux du Sillon.

Prennent ensuite la parole : M. Cardot, publiciste à Belfort ; nos vaillants amis Grueul et Teitgen du Sillon Lorrain ; le Docteur Raoult vice-président des conférenciers de l'Action libérale populaire de Nancy.

Donnons une mention toute spéciale au camarade Perney, qui nous a dit tout le zèle déployé par le Cercle d'Etudes de Thaon-les-Vosges. Nous avons encore entendu l'Abbé Monnot, venu avec les amis de Maiche. Cette jeune organisation fait déjà preuve d'une vie très intense et l'on y sent vibrer « l'âme commune » du Sillon.

MM. Behncké, de Remiremont ; Beudet, de la *Chronique du Sud-Est* ; Perrin, de Saint-Dié ; l'Abbé Patrice de Broglie ; Cousin, de Paris ; un vicaire de Villersexel et d'autres encore présentent des observations.

Plusieurs vœux ont été déposés au cours de la séance ; ils sont relus, discutés, quelques-uns modifiés, puis l'assemblée les vote à l'unanimité :

Vœux terminant le Rapport Gay

1° Qu'il soit créé des Comités régionaux du Sillon, chargés de maintenir des relations permanentes entre tous les Cercles de la région, et d'organiser entre ces Cercles un Congrès annuel.

2° Que ces Comités se tiennent, par l'intermédiaire du Sillon de Paris, en communication avec les autres groupements démocratiques catholiques et libéraux pour faire concorder leurs travaux et se concerter au besoin en vue d'une action commune.

3° Que la Revue le " Sillon ", développant des chroniques locales pour être le trait d'union effectif des Comités régionaux, tienne ceux-ci au courant du mouvement général catholique et social et publie aussi des documents et renseignements sur l'action socialiste.

Vœux présentés par le Cercle d'Etudes de Montbéliard

1° Que les Cercles d'Etudes rendent leurs membres capables de prêter un appui effectif aux comités de l'Action Populaire ou d'autres groupements animés d'un sincère désir de la paix sociale. Ce concours doit être personnel, les groupes du Sillon ne pouvant s'inféoder à aucun parti politique.

2° Que les Cercles d'Etudes forment aussi des correspondants pour les journaux catholiques et libéraux.

Vœux présentés par M. l'abbé Robert, de Saint-Dié

Que les professeurs catholiques tant de l'Université que de l'enseignement libre s'unissent pour l'organisation d'Instituts Populaires libres et indépendants.

2º SÉANCE

Présidence de Marc Sangnier

Le Mouvement d'Éducation populaire en Alsace et en Suisse. — Comment y concourt la Presse Catholique

La première séance s'est prolongée bien au delà du temps qu'on lui avait accordé et l'heure de la deuxième est déjà dépassée, aussi malgré la fatigue et la chaleur, les congressistes sacrifient la demi-heure réglementaire de récréation pour aborder immédiatement l'étude du mouvement d'Éducation Populaire en Alsace et en Suisse.

C'est M. Jean Brunhes, professeur à l'Université de Fribourg (Suisse), qui présente le premier rapport.

Les Groupes et les Méthodes d'Education Sociale en Suisse

Je félicite le Sillon d'avoir voulu profiter de sa réunion près de la frontière pour ajouter à son programme l'étude des moyens d'action sociale et populaire en usage dans les pays voisins.

S'il est fort utile de tirer ainsi parti de l'expérience d'autrui, il nous est souvent assez difficile de comprendre le sens vrai et la portée des organisations de nos amis de l'étranger. Les œuvres correspondant aux mêmes besoins ne portent pas les mêmes noms, et ne ressemblent pas exactement à nos formes propres d'action. Si vous cherchiez des Cercles d'Études en Suisse, vous en trouveriez à peine un à Fribourg ; et de même si vous cherchiez en France telle ou telle organisation suisse, comme les « Unions de compagnons », vous n'en trouveriez pas d'exacts spécimens. Mais il y a ici et là sinon des types d'organisations identiques, du moins des types équivalents ; et je voudrais précisément vous faire connaître ces équivalents suisses de vos Cercles d'Études et de vos Instituts populaires ; je vous montrerai d'abord quels sont en Suisse les principaux faits et formes d'action catholique, sociale et populaire, et je vous indiquerai ensuite quels sont les faits plus généraux, faits pédagogiques, économiques, qui expliquent les modes spéciaux et la vitalité de ces organisations.

I. — Faits et formes d'organisation

A ce point de vue, la Suisse doit être nettement divisée en Suisse romande et en Suisse allemande : la Suisse romande ressemble beaucoup plus aux pays français, et la *Fédération catholique romande* a des Cercles d'hommes et de jeunes gens qui pourraient être à bon droit rapprochés de nos Cercles catholiques français. La Suisse allemande a dans ses organisations beaucoup plus de rapports avec l'Allemagne catholique.

Mon exposé d'aujourd'hui doit se borner à la Suisse allemande ; car on m'avait annoncé la venue à Belfort de M. Maxime Reymond, secrétaire général de la *Fédération catholique romande*, et nul n'aurait été plus compétent que lui pour vous parler de cette Association ; de plus, vous entendrez tout à l'heure un représentant de Porrentruy, M. Jaccottet, et celui-ci vous entretiendra de la marche et de l'organisation de l'*Union ouvrière*, qui est bien le groupe le plus agissant de toute la Suisse de langue française.

A. — *Männer und Arbeitervereine (Cercles d'hommes et d'ouvriers)*. — Cette organisation date de 1870, mais c'est depuis 1887 seulement qu'elle a pris un caractère nettement social. Au 1er janvier 1903, elle comptait en Suisse 72 sections avec 7,023 membres. Elle possède un organe ; *Der Arbeiter* (l'Ouvrier) qui paraît à Schaffouse. Parmi les sections les plus vivantes, je citerai celle de Nidwald, de Bâle-Campagne et de Glaris. La section de Fribourg est réunie une fois par mois, et les séances sont consacrées à des discussions précises sur les plus actuelles et les plus graves questions économiques et sociales : je vous dirai tout à l'heure comment c'est le *Referendum* qui assure l'intérêt et entretient la vie des *Arbeitervereine*.

Les *Arbeitervereine*, à titre d'organisations proprement sociales, élisent et envoient des délégués à l'*Arbeiterbund*, c'est-à-dire à la *Fédération ouvrière* où dominent, comme vous le savez, les ouvriers socialistes. L'illustre représentant de la Démocratie chrétienne en Suisse, Gaspard Decurtins et son ami le professeur Beck, mon collègue de l'Université de Fribourg, ont contribué d'une manière prépondérante à l'orientation sociale des *Männer und Arbeitervereine* ; par un juste retour, ils ont été choisis par les ouvriers catholiques comme délégués à la *Fédération ouvrière* : et c'est par là que s'explique en somme leur énorme et féconde influence, politique et sociale.

Je vous signale la forme heureuse d'une pareille tactique : se constituer en groupes homogènes et indépendants ; puis, loin de bouder et de jouer le rôle ingrat d'émigrés à l'intérieur, exiger et prendre sa place dans les grandes *Fédérations ouvrières,* ces Fédérations fussent-elles en majorité socialistes. Ce que les catholiques suisses ont fait pour l'*Arbeiterbund,* ils le font aussi maintenant pour la *Ligue des Paysans (Bauernbund).* — Puissent les ouvriers catholiques français s'organiser professionnellement selon une méthode assez forte pour qu'ils parviennent à conquérir aussi leur place, sans faux apeurement, dans toutes nos *Bourses du Travail !*

B. — *Jünglingsvereine (Cercles de jeunes gens).* — Ces groupes qui comprennent des apprentis de quinze à vingt ans ont quelque ressemblance avec nos Patronages ; et ils ont plutôt une fin morale et religieuse qu'une fin sociale. Les membres des *Jünglingsvereine* se réunissent tous les dimanches ; et ils suivent en outre le soir, en semaine, au local du Cercle, quelques cours pratiques (langues, chants, tenue de livres, etc.).

On compte à peu près une section par ville importante ; le nombre des membres est très variable. Le Cercle qu'a fondé en 1889 à Lucerne M. Beck, alors vicaire dans cette ville, comprend aujourd'hui 400 membres.

C. — *Gesellenvereine (Cercles de compagnons).* — Cette organisation, qui s'adresse aux jeunes compagnons faisant leur tour de Suisse, est l'organisation la plus ancienne. Le premier Cercle de ce type fut fondé par un prêtre, Kolping, à Elberfeld (Prusse Rhénane) en 1849, et le premier Cercle suisse fut fondé à Bâle en 1859. Les *Gesellenvereine* comptent aujourd'hui en Suisse 32 sections avec 1.500 membres actifs et 2.500 membres honoraires ou passifs.

Ces Cercles qui groupent des jeunes gens éloignés de leurs familles et reliés les uns aux autres par la communauté du travail manuel sont, de l'avis de tous ceux qui s'en occupent, une organisation dont l'influence est très forte au point de vue religieux et au point de vue social. Le président est toujours un prêtre. Le président du *Gesellenverein* de Fribourg est M. Beck, qui, vous le voyez, est un professeur d'Université, ne se confinant pas dans les questions intellectuelles, et prenant part sans réserve et sans trêve aux formes, même les plus humbles, de l'action populaire.

II. — Faits plus-généraux

Toutes les organisations dont je viens de vous parler ont une réelle efficacité sociale. Mais vous avez pu être surpris de la faible part que prennent à ce mouvement les étudiants proprement dits. Vos Cercles d'Études sont caractérisés par l'union active entre étudiants et ouvriers. Or, vous ne trouverez guère en Suisse l'équivalent exact de ces Cercles d'Études. Et je voudrais maintenant vous exposer par suite de quels faits plus généraux, — faits pédagogiques, faits économiques, faits politiques, — cet effort de rapprochement entre étudiants et ouvriers, qui est le triomphe de l'action du *Sillon,* ne s'est pas encore produit en Suisse, et pourquoi il n'était pas aussi nécessaire qu'il s'y produisît ; les conditions générales sont telles que ceux qui étudient et ceux qui travaillent sont moins séparés et ont plus d'occasions politiques de prendre à nouveau contact les uns avec les autres.

I. — *Faits pédagogiques.* — Il n'y a pas en Suisse ces classes primaires qui sont en France rattachées aux établissements d'enseignement secondaire et par lesquelles passent chez nous les enfants destinés à l'enseignement secondaire. En Suisse, les écoles primaires et les écoles secondaires sont complétement séparées ; et par l'école primaire, par l'école primaire *de tous* doivent passer tous ceux qui prétendent à l'enseignement secondaire. Tous les enfants, de quelque condition sociale qu'ils soient, et quelques dons naturels qu'ils aient, s'assoient sur les mêmes bancs à l'école primaire, laquelle est d'ailleurs *gratuite* et *obligatoire.*

En second lieu l'enseignement secondaire est, comme l'enseignement primaire, *gratuit.* Ce point est très important. Prenons l'exemple de l'État catholique de Fribourg : le collège Saint-Michel est ouvert *gratuitement* à tous ; et tous les catholiques se félicitent de cette diffusion vraiment démocratique de l'instruction. Ils obtiennent ainsi dans l'école ou collège secondaire le mélange social que nous n'obtenons, nous autres, que partiellement par le régime des bourses.

Cette accession possible de tous à l'enseignement secondaire est d'autant plus importante que les élèves de l'enseignement secondaire, dès leurs dernières classes du lycée, sont traités comme de vrais étudiants. Vous avez sans doute entendu parler de la puissante *Société des Étudiants suisses,* qui est la grande et unique Société d'étudiants catholiques de la Suisse. Cette Société comprend un assez grand nombre de sections distribuées auprès des différentes Universités et groupant les étudiants des diverses langues. Le fait capital est celui-ci : quelques-unes de ces sections sont constituées à l'intérieur des collèges par des élèves apparte-

Le " Sillon de Saint-Hippolyte (Doubs) " au Saut de la Truite

nant aux dernières classes de ces collèges. Ces sections des collèges sont traitées avec une vraie déférence par la Direction ecclésiastique ou laïque de ces établissements ; les jeunes gens se gouvernent et s'administrent eux-mêmes sans aucune surveillance et ils ont le plus souvent à l'intérieur du collège une salle mise librement à leur disposition par la Direction. Ces sections de collège ont un double avantage : celui d'englober de très bonne heure les futurs étudiants des Universités dans la *Société des Etudiants suisses*, et surtout celui d'établir pour toujours un lien de vraie camaraderie entre les jeunes gens qui auront les moyens et le goût de poursuivre leurs études universitaires et les jeunes gens qui, après les études secondaires, entreront immédiatement dans la vie pratique.

2. — *Faits économiques.* — Les faits économiques qu'il serait opportun de rapporter ici dérivent tous du cadre géographique général de la Suisse : population surtout rurale et dispersée ; très peu de grandes villes ; à peine une ville de 150.000 habitants et deux villes de 100.000 etc., etc. Il n'y a pas au même degré que dans les pays de très fortes agglomérations urbaines, ces différences et ces séparations complètes entre les hommes des diverses catégories économiques et sociales.

3. — *Faits politiques.* — Il faudrait encore rappeler ici les vieilles institutions démocratiques de la Confédération et des divers cantons, et cette division même en de multiples petits Etats qui fait participer un très grand nombre de citoyens à la puissance et à la responsabilité publiques. Je veux surtout insister sur un fait qui me paraît avoir une répercussion tout à fait exceptionnelle sur toutes les organisations d'action sociale et populaire, je veux dire le REFERENDUM.

Comme vous le savez, le *Referendum* est l'inverse du *Plébiscite.* Dans notre régime parlementaire actuel nous ne votons jamais sur des idées ou pour des idées : nous votons sur des noms et pour des hommes ; le *Plébiscite* ne serait que le couronnement logique du parlement vicieux et trop souvent vicié que nous supportons avec peine. Le *Referendum* est tout autre chose : c'est la consultation nationale sur toutes les idées et sur toutes les réformes importantes qu'on veut introduire dans la législation. Et tel ou tel, qui hésite à bon droit lors d'une élection législative entre les candidats dont aucun ne représente exactement ses opinions, saura très justement et très aisément se prononcer sur une question comme celle-ci: Acceptez-vous la loi sur les Retraites Ouvrières ? etc., etc. Et par ailleurs tels ou tels hommes de valeur qui hésitent à se lancer dans des campagnes électorales transformées trop souvent aujourd'hui en campagnes d'injures personnelles deviendra le champion le plus actif d'une cause aussi désintéressée qu'une idée. Les députés ne peuvent plus sous le régime du *Referendum* être des législateurs sans appel. Des sentences d'une majorité exigüe ou factice, nous pouvons alors en appeler à la nation elle-même. Et nous ne nous étonnons pas dès lors que ceux de nos adversaires qui ont faussé le parlementarisme et qui pratiquent le système des majorités dictatoriales et césariennes veuillent s'opposer à l'introduction en notre pays du *Referendum*.

A nous, catholiques, de nous faire les avocats incessants de cette réforme politique qui est dans ses conséquences *immédiates*, une vraie réforme sociale. L'exemple de la démocratie suisse est là, devant nous, fécond et décisif.

Je vous ai parlé tout à l'heure des *Männer und Arbeitervereine* : or ces cercles s'occupent principalement d'étudier et de discuter les questions et les lois qui doivent être prochainement soumises à la « votation populaire » (1). Quels ne seraient pas l'élan, l'entrain et l'autorité de vos Cercles d'Etudes du Sillon si non seulement vous vous y formiez vous-mêmes comme vous le faites aux luttes et aux débats théoriques, mais si vous vous prépariez par là — sans aucun préjudice pour votre formation personnelle, au contraire, — à une grande discussion publique, dont le peuple tout entier que vous aimez avec une irrésistible confiance devrait être l'arbitre définitif !

C'est pourquoi, après avoir comparé à vos méthodes les méthodes d'action sociale et populaire de nos amis de la Suisse, je le déclare hautement, la seule chose que nous devions vraiment leur envier, c'est cette sanction souveraine de toute vraie propagande sociale désintéressée : le *Referendum*.

M. Jacotey vient ensuite faire le rapport suivant :

Rapport de l'Union Ouvrière Catholique de Porrentruy :

Dans cette deuxième séance du Congrès, vous avez bien voulu réserver une place spéciale à l'Alsace et à la Suisse. Au nom des ouvriers catholiques suisses et tout particulièrement au nom de l'Union Ouvrière Catholique de Porrentruy, je vous en remercie sincèrement ;

---

(1) On donne en Suisse le nom de « votation » à ces consultations populaires, réservant le mot « d'élection » pour les élections personnelles qui correspondent à nos propres élections de députés, de conseillers municipaux, etc.

mais n'attendez pas de moi, simple ouvrier de fabrique, une étude complète des œuvres d'éducation populaire et des œuvres sociales en Suisse ; cette étude serait bien au-dessus de mes connaissances et surtout de mes capacités.

Le mouvement ouvrier, en Suisse, vit essentiellement de la vie syndicale et l'on peut dire que le Syndicat est à la base de tout le mouvement actuel. A la tête se trouve l'Union Ouvrière Suisse qui comprend non seulement les Syndicats Professionnels, mais encore toute association dans laquelle prédomine l'élément ouvrier. L'Union Ouvrière Suisse possède un secrétariat ouvrier permanent, subventionné et payé par l'État.

Les membres de l'Union Ouvrière Suisse se recrutent principalement dans les Syndicats Professionnels. Ces derniers constituent une vaste Association sous le nom de : Fédération Suisse des Syndicats Professionnels.

Dans cette Fédération sont incorporés presque tous nos ouvriers horlogers et bon nombre de nos membres en font partie.

La neutralité confessionnelle a été adoptée par l'Union Ouvrière Suisse au fameux Congrès de Lucerne, dans lequel l'opinion et la manière de voir de nos chefs, MM. le Dr Beck et le Dr Decurtins avaient prévalu.

Cette neutralité, gravement attaquée au Congrès de Berne, en mars 1902, par certains meneurs socialistes, qui demandaient l'exclusion de certaines Unions Ouvrières Catholiques, a été victorieusement défendue par le Dr Decurtins.

L'activité de l'action syndicale se concentre exclusivement sur le bien et sur l'amélioration matériels de l'ouvrier, prenant comme chemin pour arriver au but proposé, la voie législative, la voie de l'initiative et du Referendum populaires.

A côté de ces préoccupations matérielles, un courant nouveau s'établit en Suisse, comme ailleurs, vers les préoccupations d'ordre moral et religieux. On sent que pour réformer la Société, il faut commencer par réformer l'individu. Mais ce n'est guère que chez les catholiques que le courant se dessine. Notre clergé est le premier à marcher vers cette nouvelle orientation. Nos évêques ont introduit dans leurs séminaires des chaires de sociologie et d'études sociales et c'est ainsi que l'exemple donné d'en haut est suivi jusque dans nos plus petites paroisses.

Nous ne pouvons, dans le cadre restreint de ce rapport, donner un aperçu du mouvement d'éducation populaire dans toute la Suisse.

Nos compatriotes de langue allemande ont leurs méthodes calquées sur les méthodes des catholiques allemands. Mais nous sommes obligés de nous en tenir à la Suisse française et dans celle-ci de restreindre notre travail plus spécialement à ce que nous faisons à Porrentruy.

La Fédération catholique romande, commence à entrer résolument dans la voie que nous suivons à Porrentruy. Cette Association, dans ses débuts en 1888, sous le nom de Fédération des Sociétés Catholiques de la Suisse romande, ne comprenait que des Sociétés de jeunes gens et n'avait pas de programme bien défini. Elle s'oriente maintenant vers le mouvement social actuel. Les orateurs de cette assemblée parlent de retour aux corporations, d'assurances, de la représentation professionnelle dans les corps législatifs, de secrétariats du peuple et de patronages. En 1903, cette orientation s'accentue davantage par le contact avec la Fédération Ouvrière Catholique Suisse ; la Fédération Romande prend hardiment place au rang des combattants pour le triomphe des principes catholiques dans la solution des questions sociales.

L'Union Ouvrière Catholique de Porrentruy, qui comprend déjà plusieurs sections a pris pour programme, dès les débuts, de défendre les intérêts de l'ouvrier, tant matériels que spirituels. Son point de départ a été l'idée chrétienne et sa ligne de conduite est celle tracée par Léon XIII dans sa lettre sur la condition des ouvriers.

Sa création a été provoquée par l'apparition à Porrentruy d'un journal ouvrier anti-religieux ; elle a aujourd'hui la satisfaction de voir ce journal disparaître et retourner à Chaux-de-Fonds, d'où il nous était venu.

Nos moyens d'action sont : la presse, les conférences, des cours d'études sociales et des institutions pratiques.

La Presse : Nous avons fondé un journal « L'Ouvrier » dans lequel sont étudiées toutes les questions fondamentales du mouvement ouvrier et toutes les questions législatives s'y rattachant. Ce journal paraît une fois par semaine. Il donne chaque fois un résumé du mouvement ouvrier à l'étranger, ainsi que de la législation ouvrière chez nos voisins. Il est le seul journal catholique de langue française en Suisse s'occupant de cette matière.

Les Conférences : De nombreuses Conférences ont été organisées l'an passé et cet hiver en ville et à la campagne. Malgré le petit nombre de ceux qui peuvent, et surtout qui veulent parler en public, l'union ouvrière a pu donner des Conférences dans chacune de ses sections. A un moment donné, nous avions des Conférences presque toutes les semaines. Des Conférences ont été données aussi par des orateurs étrangers.

LES COURS D'ÉTUDES SOCIALES : L'Union Ouvrière Catholique de Porrentruy a organisé des cours d'études sociales. Elle a fixé pour l'hiver deux réunions par semaine, le mardi et le mercredi soir. Le mardi est consacré à ce que nous pourrions appeler un cours supérieur auquel, pour le moment, n'ont encore pris part que nos chefs et nos organisateurs qui, par leurs études de collège et d'université, sont plus à même que nous de préparer la voie et les questions à étudier. Ils sont peu nombreux. Ce sont les trois vicaires de la paroisse, un ou deux avocats, un médecin, un notaire et notre imprimeur. Leur dévouement et leur activité sont obligés de suppléer au nombre. Ils constituent la rédaction et l'administration du journal.

Le mercredi est réservé aux ouvriers. On est parti de cette idée que le meilleur moyen d'éducation populaire est l'éducation de l'ouvrier par l'ouvrier. Les réunions du mercredi soir sont donc présidées par un ouvrier qui en dirige tous les débats. Le procès-verbal de la séance est tenu et rédigé par un ouvrier et c'est également un ouvrier qui fait la Conférence et traite la question mise à l'ordre du jour. La Conférence terminée, une discussion générale est ouverte sur le sujet traité et chacun des membres présents est obligé de prendre la parole et d'émettre son avis. Des débats très intéressants s'en suivent. A la fin de la séance, de nouveaux président, secrétaire, conférencier et un nouveau sujet sont désignés pour la réunion suivante. A ces réunions du mercredi, les membres des séances du mardi doivent être présents et se mêler aux débats pour donner à ces cours une direction sûre et les renseignements nécessaires. Nous avons pu constater que ce mode de travail est des plus féconds, car l'ouvrier s'y intéresse et vient volontiers aux réunions.

Les sujets les plus fréquemment étudiés sont : la loi sur les fabriques, l'apprentissage, les bourses d'apprentissage, des subventions à accorder aux écoles professionnelles, la protection ouvrière et le code civil suisse, le repos du dimanche, les Habitations Ouvrières, les salaires, les Caisses de Chômage, les biens de famille, le tarif douanier et le prix des denrées de première nécessité.

LES INSTITUTIONS PRATIQUES créées par notre Union Ouvrière sont :

1° Un service de consultations gratuites données par trois avocats et deux médecins de la ville aux membres de l'Union ;

2° Un patronage d'apprentis ;

3° Des tribunaux de prud'hommes pour régler les conflits entre patrons et ouvriers.

Cette institution, toutefois, n'est pas encore en activité. Elle devra recevoir encore la sanction des assemblées communales du district.

Dernièrement nous avons nommé une commission spéciale permanente pour s'occuper d'un bureau de placements, une autre pour continuer l'étude et la réalisation d'une Caisse de Chômage, et enfin une troisième chargée de faire profiter les

Le " Sillon " traversant Giromagny

membres de l'Union des dispositions législatives tant cantonales que fédérales qui prévoient des subventions et des bourses d'apprentissages.

Telles sont, Messieurs, les quelques considérations que je puis apporter à ce premier Congrès des Cercles d'Études de l'Est, puissent-elles être de quelque utilité et surtout, et j'exprime ici le vœu le plus ardént de notre Union Ouvrière Catholique,-puissent-elles constituer le début de relations cordiales et fraternelles avec cette phalange d'élite ouvrière catholique que le « Sillon » prépare à la France.

Rapport du Cercle d'Etudes de Colmar, en Alsace

1° Les catholiques d'Alsace-Lorraine ont dès la première heure compris l'importance capitale de la presse politique.

Malgré les nombreuses entraves mises à leur activité par une législation draconnienne, ils ont créé un grand nombre de journaux prospères.

Voici des chiffres qui vous donneront une idée de la diffusion de nos journaux:

L'Els.esser	compte	15.000	abonnés ;
L'Els-Kurier	«	7.000	«
L'Arbeiterfreund	«	9.000	«
Le Lorrain	«	10.000	«
Le Volksbote	«	8.000	«
La Landeszeitung	«	14.000	«
Le Volksfreund	«	16.000	«
Le Journal de Colmar	«	3.000	«

Le nombre des abonnés aux journaux catholiques est de 160.000. Ce succès est dû à l'intelligence des fondateurs comme aussi au zèle actif du clergé paroissial, qui a fait de grands efforts pour trouver à notre presse des abonnés. Il est à noter que presque tous ces journaux vivent sans aucune subvention. Les abonnements et les annonces couvrent largement les frais. On a dû s'imposer des sacrifices à la première heure ; mais le capital engagé est à présent bien rémunéré et s'est sans aucune appréhension que nous pouvons envisager l'avenir, surtout depuis que l'abolition de la dictature a rendu la suppression des journaux impossible.

Notre presse est une force et une puissance. C'est à elle nous devons les succès électoraux de nos amis, comme aussi le respect de nos adversaires.

2° Les Catholiques d'Alsace-Lorraine ont compris, que dans la lutte de l'heure présente, la question sociale jouerait un rôle considérable. Un peu partout on a créé des Cercles d'hommes et de jeunes gens, la plupart très prospères, où sous la direction de prêtres et de laïques éclairés, on

étudie les problèmes sociaux. Les Cercles de Mulhouse sont particulièrement importants. Le seul Cercle de la paroisse Saint-Joseph comprend
1.200 hommes. On a greffé sur cette œuvre religieuse une suite d'œuvres
sociales importantes : Société de Constructions Ouvrières au capital de
2.000.000, Société Coopérative, Caisse de Malades, Caisse pour Décès,
Caisse Durand.

3' Je voudrais attirer particulièrement votre attention, sur les
Cercles d'Etudes qui se sont formés dans plusieurs de nos Sociétés
d'hommes et de jeunes gens. Cette institution a donné d'excellents
résultats.

Le Cercle d'Etudes comprend les membres les plus intelligents et
les plus actifs de l'association. Ceux-ci se réunissent chaque semaine
dans un local spécial ; pendant la campagne électorale présente les
réunions se font deux fois par semaine. A tour de rôle les membres du
Cercle prennent la présidence afin de s'habituer à la direction d'une
réunion publique. Tout se passe dans un ordre rigoureusement fixé
d'avance. Un membre du Cercle prévenu, fait une courte Conférence
sur un sujet qui lui a été fixé lors de la séance précédente. Il répond
ensuite aux objections qui sont soulevées dans l'assemblée, et le
président de l'œuvre, qui, en notre Cercle d'Etudes de Colmar, est
Monsieur le député Wetterlé ou Monsieur Hœgy, docteur en théologie,
relève les fautes de l'orateur.

Puis vient la Conférence du directeur du Cercle sur un sujet
d'actualité. Dans quelques Cercles, les Conférences forment une suite
d'entretiens populaires sur la question sociale; une discussion est ouverte
sur le sujet traité. Enfin vient l'article « Divers » qui permet aux
membres du Cercle de présenter toutes les objections qu'on leur a opposées
pendant la semaine précédente. C'est souvent la plus intéressante partie
de la soirée.

Grâce à cette organisation, nous préparons des orateurs pour nos
réunions publiques et surtout, nous mettons nos ouvriers en état de
répondre aux objections qu'on leur pose dans les fabriques et ateliers.

4° Malgré ces résultats satisfaisants nous sommes loin de nous laisser
aller à des illusions dangereuses. Le champ de travail est encore très
vaste et nos adversaires socialistes et radicaux déploient, eux aussi, une
grande activité. Avec l'aide de Dieu, nous espérons cependant conserver
à l'Alsace-Lorraine sa vieille foi chrétienne et son amour pour l'Eglise.

Ensuite, M. Arcari, un de nos camarades, puisqu'il est du « *Fascio Democratico* » de Milan, soulève d'unanimes applaudissements en retraçant quoique d'une façon sommaire le long et énergique effort des catholiques italiens pour arriver à devenir une puissance sociale. Les catholiques ont pris parti pour les ouvriers, et les ouvriers ont senti qu'il y avait dans le catholicisme une force de rédemption et d'affranchissement de laquelle ils pouvaient attendre avec confiance l'amélioration de leur condition, et malgré les socialistes plus d'une fois soutenus par les patrons eux-mêmes, les démocrates catholiques ont conquis une influence qui va tous les jours grandissant.

Enfin un prêtre de Strasbourg soulève l'enthousiasme de toute la salle en rappelant les luttes que la presse catholique d'Alsace a soutenu pour affirmer son droit à l'existence, les splendides résultats qu'elle a obtenus, le concours que lui donne le clergé, et il termine par ces mots : « En Alsace ce sont les curés qui sont en tête du mouvement social et qui fondent et dirigent toutes les institutions favorables aux ouvriers ».

Banquet de Midi

315 congressistes prennent place autour de longues tables sous une tente magnifiquement décorée, dressée dans une cour de l'Institution Ste-Marie ; et l'on sert un substantiel et démocratique banquet.

La dépêche suivante des Cercles d'Etudes bretons est lue par Marc Sangnier :

« Cercles bretons adressent camarades réunis Belfort vœux ardents pour succès Congrès, assurent cordiale et fraternelle amitié ».

La lecture de cette dépêche est accueillie par les applaudissements des convives.

Le temps s'avance et les congressistes renoncent à la visite projetée au Lion de Belfort pour ne pas retarder la séance sur les Retraites Ouvrières.

3ᵉ SÉANCE

Présidence du professeur J. Brunhes,
de l'Université de Fribourg

Les Cercles d'Etudes et les réformes sociales.
La question des Retraites Ouvrières.

La parole est à notre camarade Colle, le jeune président du Sillon de Belfort, qui s'est chargé du Rapport sur la question des Retraites Ouvrières.

Rapport sur les Retraites Ouvrières

Il y a trois mois, quand nous avons proposé d'inscrire à l'ordre du jour du Congrès la question des Retraites Ouvrières, on nous a fait cette objection : « Pourquoi les Retraites Ouvrières ? Il est des questions d'un intérêt plus immédiat et d'une réalisation plus prochaine ».

Nous avons répondu qu'une fois la loi votée il ne serait plus temps de s'en occuper et que, nous devions contribuer à la préparer. Il est de notre devoir de former, dans la limite de nos forces, l'opinion sur ce sujet. Si un système est meilleur qu'un autre, il nous faut le préconiser et travailler à le faire adopter. Et surtout notre intervention modeste ne serait pas inutile, si nous arrivons à faire comprendre que l'initiative privée peut avoir une très large place dans l'organisation des Retraites Ouvrières.

Le rapport que je vous présente a pout but d'étudier les différents systèmes des Retraites Ouvrières en Allemagne, en Italie, en Belgique ; puis nous examinerons quel est en France l'état de la question, quels sont les projets de lois déposées à la Chambre, ce que l'on peut déjà faire avec la législation actuellement existante et surtout ce qu'il faudrait faire.

Le pays qui a le mérite d'avoir organisé le premier les Retraites Ouvrières est l'Allemagne. Par le projet voté en 1889, la législation met en tête de la loi « l'obligation de l'assurance », pour tous les ouvriers et employés recevant moins de 2.500 francs de salaire annuel. L'Etat participe à la formation de cette retraite. Il serait par la même injuste d'en exclure certaines classes non astreintes comme les petits patrons, les ouvriers en chambre, ceux ne travaillant pas régulièrement. C'est pourquoi on a institué en plus de l'assurance obligatoire, l'assurance facultative. En Allemagne on a surtout favorisé l'assurance en cas d'invalidité en lui donnant un taux beaucoup plus élevé que l'assurance vieillesse. L'intention de la loi allemande n'est plus du tout de dispenser de l'épargne volontaire. Ce qu'elle paie peut être considéré comme un appoint à la prévoyance individuelle.

Par définition, un invalide est celui qui ne peut plus gagner le 1/3 de son traitement habituel dans la branche de métier qu'il occupait précédemment.

Quant aux vieillards, ils ont droit à la retraite à 70 ans. La pension allemande se compose de trois parties : 1° la subvention de l'Etat qui s'élève indistinctement à 62 fr. 50 par personne ; 2° Une partie fixe dépendant de la classe à laquelle appartient l'assuré ; 3° Une partie variant proportionnellement à la classe et au nombre des versements.

De sorte qu'une personne ayant accompli le minimum requis de versements touche un minimum de rentes s'élevant approximativement à 125 francs pour la classe inférieure. La rente pour l'invalidité et la vieillesse est inaliénable et insaisissable. Partant de ce principe que l'homme est une valeur économique et que l'assurance doit payer chaque fois que cette valeur s'amoindrit, les caisses de retraites peuvent délivrer des secours de guérison à ceux qui sont menacés d'invalidité. C'est une heureuse conséquence des caisses régionales autonomes qui, pouvant directement gérer leurs capitaux jusqu'à concurrence de moitié, sont plus à même que tout autre de juger sur place des besoins de chacun. Aussi a-t-on vu les œuvres d'habitations à bon marché, l'œuvre des sanatoria progresser considérablement grâce aux capitaux fournis par les Caisses régionales de Retraites. Pour avoir droit aux avantages cités plus haut, il faut payer une cotisation très minime acquittée moitié par le patron, moitié par l'ouvrier.

Pour les versements de ces cotisations, l'Allemagne a imaginé un système très ingénieux qui est celui de la carte et du timbre d'assurance. On peut apprécier la grandeur de l'œuvre par les résultats qu'elle a donnés. Elle a déjà payé 750.000.000 fr. pour l'assurance, dont à peu près les 2/3 pour l'assurance invalidité et 1/3 pour la vieillesse, à 486.915 participants pour l'invalidité et 179.150 pour la vieillesse.

Cependant ce système n'est pas sans présenter de grands inconvénients.

C'est lè fonctionnarisme poussé à outrance qui entraino des frais généraux très élevés.

A coté du système allemand basé sur l'obligation, nous avons vu ces dernières années, appliquer deux méthodes différentes en Belgique, et en Italie.

Le système Belge repose sur le principe de liberté subsidiée, c'est ce qu'on pourrait appeler un système subventionniste. Pour avoir droit à la rente, il faut être Belge, ou si on est étranger avoir au moins dix ans de résidence et dans ce cas être d'une nation qui fournit aux Belges les mêmes avantages. Pour être admis à verser, il faut avoir 16 ans révolus

Coup-d'œil sur le cortège, à Lepuix (Gy)

et payer en impôts directs moins de cinquante francs par an, exception est faite pour les membres des mutualités. Le but principal de la loi Belge est la rente vieillesse. On a jugé, en effet, que les dix ans d'expérience dé la loi allemande ne suffisaient pas pour établir sur des données sérieuses les risques d'invalidité. Aussi cette rente n'est-elle qu'une pension de vieillesse anticipée. Les placements à la caisse des Retraites Ouvrières belge se font à capital réservé ou capital abandonné. Ce deuxième système n'est que très peu goûté.

La rente est le revenu du capital formé par les versements de l'ouvrier, facultativement du patron, de la société mutualiste, si l'assuré fait partie d'une de ces sociétés, et enfin d'une majoration de 60 %. fournie par l'Etat jusqu'à concurrence de 9 francs.

Cette rente est inaliénable et insaisissable.

Depuis la promulgation de la loi, nous avons vu un prodigieux essort donné aux sociétés de secours-mutuels, grâce aux avantages que l'Etat leur offre. La mutualité sert en effet d'intermédiaire entre l'assuré et la Caisse nationale des Retraites. Ses membres peuvent s'affilier dès l'âge de 6 ans et la condition du maximum d'impôt n'existe plus. La mutualité reçoit en outre des subsides de l'Etat, de la province, de la commune, des cotisations des membres honoraires, autant de choses qui entrent en ligne de compte pour la formation des retraites de ses membres. C'est le plus puissant auxiliaire de la Caisse générale des Retraites. Elle perçoit les cotisations et fait les versements pour ses membres, ce qui diminue de beaucoup les frais d'administration.

L'organisation de ce magnifique édifice social est un mélange très ingénieux de centralisation et de décentralisation.

La Caisse générale des Retraites à la gestion générale, et les mutualités sont pour ainsi dire ses succursales. Les versements sont inscrits sur un carnet individuel qui donne un droit irrévocable à la retraite.

Un dernier avantage et qui n'est pas des moindres, c'est que le capital peut être remboursé à sa valeur de rachat, aussitôt l'entrée en jouissance de la retraite. Il peut même en cas d'invalidité servir à la création d'une rente additionnelle.

Les résultats de cette loi ne peuvent pas, dès à présent, être concluants, cependant il est permis de dire que le nombre des affiliés a plus que doublé depuis deux ans et que grâce à une propagande active, cette loi ne tardera pas à faire sentir ses heureux effets dans les plus humbles chaumières pour y donner aux vieillards la paix et la tranquillité auxquelles ils ont droit.

La loi Italienne date à peu près de la même époque que la loi Belge. Le principe est aussi celui de la liberté subventionnée. Il diffère pourtant en ce que la Caisse nationale des Retraites n'est autre qu'une vaste mutualité et que l'intervention de l'Etat est plus discrète qu'en Belgique. L'Etat en effet a constitué une dotation à la Caisse nationale des Retraites et ce sont les intérêts de cette dotation qui servent à majorer les retraites des ayant droits. On comprend dans ces derniers, tous les citoyens italiens des deux sexes occupés à des travaux manuels et recevant un salaire en compensation de leurs travaux.

De même qu'en Belgique, le but principal de la loi est la retraite pour la vieillesse, la retraite invalidité étant considérée comme retraite anticipée.

Les placements se font à capital réservé ou à capital aliéné.

La retraite est formée par la rente des versements effectués par l'ouvrier, des versements facultatifs du patron, des sommes résultant du partage des versements des membres décédés et enfin de l'intérêt produit par la dotation de l'Etat. Les italiens ont adopté le système de décentralisation et la Caisse nationale des Retraites ne dépend de l'Etat que par la dotation et un contrôle de surveillance.

On a adopté comme en Allemagne l'usage du carnet et des timbres d'assurance.

En face des efforts des autres nations et des résultats déjà obtenus, qu'avons-nous fait en France ?

Nous devons reconnaître que jusqu'à présent nous sommes demeurés fort en retard. Nous avons, il est vrai, quelques institutions de retraites mais très restreintes et se rapportant pour la plupart à des individus d'une classe plus élevée que la classe ouvrière, car en France, ceux qui font acte de prévoyance sont surtout les employés.

Nous pensons diviser les retraités français actuellement en exercice en trois catégories : 1° Les ouvriers assurés obligatoirement par l'Etat considéré comme leur patron. Ce sont les ouvriers des grandes manufactures de l'Etat qui au nombre de 17.000 versent 4 °/₀ de leur salaire et reçoivent un minimum de retraite de 600 fr. pour les hommes et 400 fr. pour les femmes ; 2° Les ouvriers des établissements militaires au nombre de 20.000 qui versent également 4 °/₀ et touchent une pension minima de 500 fr. pour les hommes et 350 fr. pour les femmes. Les marins au nombre de 120.000 qui en échange de l'inscription maritime versent 3 °/₀ de leurs salaires et touchent à 50 ans une pension dite de demi solde dont le minimum est de 204 francs. La participation de l'Etat dans cette dernière caisse est de 14.000.000 par an ; 3° Les mineurs au nombre de 225.000 versant 4 °/₀ jusqu'à 2.400 francs avec contribution du patron pour moitié.

En deuxième lieu, nous avons les salariés librement assurés. Ce sont les ouvriers et employés des 6 grandes compagnies de chemins de fer au nombre de 183.000 qui souscrivent soit à la caisse nationale, soit aux caisses des compagnies. Les ouvriers des compagnies secondaires de transport et de navigation fluviale au nombre de 135.000.

Enfin, il y a des salariés de toutes sortes, de l'industrie, du commerce, de l'agriculture qui peuvent librement profiter des divers modes d'assurances pour la vieillesse existant présentement en France.

Etudions rapidement ces divers modes qui sont au nombre de trois, d'abord les caisses patronales, d'autant plus difficiles à organiser que l'industrie est de plus faible extension. Elles peuvent ou bien servir d'intermédiaire entre l'ouvrier et la caisse nationale des retraites, ou bien après autorisation rendue par décret, faire directement des opérations de retraites.

Dans ce cas leurs fonds consistent en rentes sur l'Etat, placées à la caisse des dépôts et consignations, ou en valeurs garanties par l'Etat.

Ces caisses sont soumises au contrôle du receveur particulier de l'arrondissement.

Le deuxième mode est la Caisse nationale des Retraites.

Elle fournit des retraites dépendant d'un capital à intérêt composé constitué par des versements dont le minimum est de 1 fr. par an et le maximum de 1.000 fr. Joignez à cela les chances de mortalité et enfin l'âge fixé par l'assuré pour entrer en jouissance.

En cas d'invalidité, l'assuré peut liquider prématurément sa pension et a droit à une bonification inscrite au budget de chaque année jusqu'à concurrence de 360 fr.

Le maximum des pensions fournies par la caisse nationale est de 1.200 francs. Les versements se font à capital réservé ou à capital aliéné et le système employé est celui de la capitalisation.

En 1899, elle comptait 2 millions 1/2 de participants donnant un total de recettes, y compris les intérêts des capitaux, de 136 millions. Les rentes viagères au 31 décembre 1899 étaient de 243.080 versant un revenu de 34.892.854 francs. On a remboursé comme capitaux réservés à 9.583 personnes 15.814.000 francs. Si nous cherchons dans quel rapport sont les grands et les petits versements, nous verrons que 43 % représentent des versements de 2 à 50 francs et 57 % au-dessus de cette somme. Ce qui prouve que la caisse nationale n'atteint pas la petite épargne, car les 43 °/₀ sont en grande partie versés par les patrons. Nous arrivons au troisième mode de placement qui est en même temps le plus intéressant : c'est la constitution de la retraite par les mutualités.

Celles-ci peuvent, ou bien servir d'intermédiaire pour l'acquisition de la retraite, ou bien la constituer de leurs propres capitaux. Les retraites sont de trois sortes : 1° les simples allocations ; 2° les retraites non garanties ; 3° les retraites garanties.

Ces deux dernières sont constituées à capital réservé ou à capital aliéné, soit sur livret individuel, soit sur le fonds commun. Les membres des mutualités bénéficient également d'indemnités prévues encas d'invalidité. L'Etat participe par des subventions à la constitution des retraites par les mutualités.

Depuis 1852, jusqu'en 98, il assurait à ces sociétés un taux de 41 1/2 °/₀ pour le fonds commun inaliénable ; depuis la nouvelle loi, le taux est le même que celui de la caisse nationale des retraites, cependant l'Etat inscrit à son budget annuel une somme qui constitue la différence entre ce taux et celui de 4 1/2 °/₀. Les subventions de l'Etat s'élevaient de ce fait en 1901 à 1.800.000 fr.

Sur la route du Ballon

Les résultats sont jusqu'à présent peu importants, la moyenne des retraites ne dépassant pas 100 fr. Il n'y a que 51.000 participants avec 1.200 retraités touchant 100.000 francs pour les sociétés reconnues, et 338.000 membres avec 14.500 retraités touchant un peu plus de 1.000.000 pour les autres sociétés.

En somme nous avons pu constater jusqu'ici que ceux qui auraient le plus besoin de retraites sont ceux qui y songent le moins. Il serait urgent que d'une façon ou d'une autre, l'Etat intervienne au nom de la collectivité et qu'aidé par les efforts des démocrates, il fasse pénétrer dans tous les milieux les idées de prévoyance, de cette prévoyance qui relève le niveau moral de l'homme en le mettant à l'abri du besoin.

Depuis quelques années, on a présenté au Parlement, nombre de projets de lois sur les Retraites Ouvrières. Sans m'arrêter à certaines propositions paradoxales tendant à utiliser, les unes le produit de la conversion de la rente, les autres le rapport de tel ou tel impôt, d'autres mêmes le fameux milliard des congrégations, vous me permettrez de classer les différents projets qui ont été déposés sur le bureau de la Chambre. Nous pouvons diviser les propositions antérieures à 1901, date ou fut déposé le dernier projet de loi en trois catégories :

Les premières reposent sur le principe de la liberté subsidiée, ce sont les propositions Guieysse, de Ramel, Brincard, Audiffrey, cette dernière au nom de la commission d'assurances et de prévoyance sociale.

Les 4 propositions admettaient la participation du patron et de l'Etat.

Viennent ensuite celles se basant sur le principe d'obligation, ce sont les propositions Goujon et Isambard, André Lebon, Gollé, Louis Ricard. D'après le texte de ces projets de lois, l'assurance serait obligatoire ; le principe de capitalisation serait en vigueur. La proposition Lebon est une imitation de la loi allemande. En troisième lieu, viennent les propositions tendant à généraliser le principe d'obligation. Elles substituent au système de capitalisation un système de répartition beaucoup plus simple. Ce sont les propositions Michelin, Chauvière et Jaurès.

Partant de ce principe qu'une nation ne liquide jamais et que les générations futures seront sensiblement les mêmes que les générations précédentes, il est inutile d'accumuler des capitaux. Les revenus d'une génération serviront à assurer la génération précédente. Toute personne à l'âge de 60 ans recevrait une rente de 500 fr. si elle peut prouver n'avoir pas de revenu dépassant cette somme.

Les propositions Michelin et Jaurès veulent une cotisation prélevée sur le patron et sur l'ouvrier. Chauvière va plus loin et demande les ressources à l'augmentation de l'impôt ou à sa transformation. C'était une manne électorale qui, à la veille du renouvellement législatif, devait produire un excellent effet. Vient ensuite la proposition Puech qui a pour but d'instituer l'assistance obligatoire pour les vieillards âgés de plus de soixante-dix ans.

La commission d'assurance et de prévoyance sociale décida de s'occuper de cette proposition après le vote de la loi sur les retraites.

C'est alors que fut mis à l'ordre du jour le projet du gouvernement présenté au nom de la commission par M. Guieysse. La commission admettait le principe d'obligation. Tous les salariés ayant un revenu moindre de 4.000 francs devaient s'assurer.

Le but principal de cette loi était la retraite de vieillesse. La retraite d'invalidité passant en seconde ligne et étant toujours supérieure à 200 fr. après 2.000 journées de versement. La définition de l'invalidité était empruntée à l'Allemagne, de même que la constitution de la commission supérieure avait été prise dans la législation belge. La retraite représente le revenu du capital versé par l'ouvrier, la participation du patron, le tout à un taux de 3 %, garanti par l'Etat, ce qui constituait son intervention. La question administrative était confiée au ministre du commerce et la gestion financière au ministre des finances qui en chargeait la caisse des dépôts et consignations. Chaque assuré à un compte ouvert et le patron est chargé d'adresser à la caisse avant le 4 de chaque mois le bordereau des versements de ses ouvriers. La rente est inaliénable et insaisissable jusqu'à concurrence de 360 fr. L'employeur est également tenu de faire au profit de la caisse des retraites un versement de 0,25 par jour pour chaque ouvrier étranger qu'il emploie. Les mutualités, les caisses syndicales ou patronales peuvent recevoir au même titre que la caisse nationale les subsides de l'ouvrier et du patron, pourvu qu'elles fassent des conditions au moins équivalentes à celle-ci.

Ce projet attira de nombreuses critiques. L'obligation était trop lourde en raison des versements élevés qu'on exigeait de chacun. En plus de cela, le projet préconisant le système de capitalisation devait immobiliser des capitaux dont le placement aurait été rendu très difficile et qui arrivant d'un coup sur le marché auraient eu pour résultat immédiat de baisser énormément le taux de la rente. On trouvait également que la participation de l'Etat n'était pas suffisante. A côté de cela et en se plaçant au point de vue pratique, le système de versements était très compliqué. Ce projet soumis à une sorte de référendum fut repoussé. Les sociétés corporatives prouvèrent, en effet, que les résultats promis n'étaient pas en rapport avec les versements très lourds qui étaient exigés,

Au moment de la discussion de ce projet, un contre-projet fut déposé par l'Abbé Lemire.

Ce projet basé également sur l'obligation demandait des versements moins importants, mais qui, grâce au capital aliéné, augmentaient considérablement le revenu. Au lieu de se contenter d'une simple garantie de l'Etat, il exigeait de lui des subsides. Il substituait au bordereau des patrons le système de la carte et du timbre d'sssurance. Mais ce projet ne trouva pas grâce devant la Chambre. Citons également le projet Boissard paru dans l'Association catholique qui se rangeait à l'avis de M. Gailhard Bancel et préconisait les retraites par les organisations professionnelles controlées et subsidiées par l'Etat.

Et maintenant, de quel côté allons-nous nous ranger, introduirons-nous en France le caporalisme allemand, ou, suivant les nations latines, mettrons-nous la liberté en tête de notre institution de retraite? L'esprit français, ennemi de la contrainte, pencherait certainement vers ce dernier. Cependant il ne faudrait pas nous laisser entrainer vers un libéralisme trop grand. Les principes de liberté et d'égalité qui doivent être notre point de départ en politique ne doivent pas l'être seuls en questions sociales. Pour les Retraites Ouvrières en particulier, la fraternité doit entrer pour une plus large part. La collectivité doit contribuer à la formation des Retraites Ouvrières, et il est juste que cette contribution se fasse plutôt sentir sur les petits versements que sur les grands. C'est pourquoi l'Etat ne devra majorer que jusqu'à concurrence d'une certaine somme. La participation de l'Etat étant établie, passons à celle du patron. La mesure serait très équitable si nous n'avions affaire qu'aux grands industriels. Mais souvent l'employeur n'a que 2 ou 3 employés sous ses ordres, il n'est guère plus riche qu'eux et cependant il doit verser pour leur retraite. Qui sait si cet employeur ne se trouvera pas plus tard lui aussi dans la misère ?

Voilà pourquoi la participation du patron ne peut être mise en règle générale et il serait préférable de la lui demander d'une autre façon. Ne pourrait-on pas, par exemple, affecter aux caisses de retraites les amendes données par les inspecteurs du travail, ainsi qu'un impôt spécial sur les ouvriers étrangers. Nous assurérions ainsi en même temps qu'une majoration à la retraite des vieux travailleurs, un système de protection pour nos nationaux contre l'envahissement des ouvriers étrangers.

Voilà donc établie la participation de l'Etat et la participation indirecte du patron.

Quant au système d'obligation égale pour tout le monde, est-il applicable d'une façon absolue et rigoureuse. Nous croyons qu'il doit être tempéré.

En effet on peut subdiviser les travailleurs en deux classes. D'abord ceux qui travaillent à intervalle irrégulier sous les ordres d'employeurs qui ne sont guère plus fortunés qu'eux. Pour ceux-là une loi ayant pour principe l'obligation sans conditions est presque impraticable.

Dans la deuxième classe entrent les ouvriers de l'industrie. Pour ceux qui appartiennent à la grande industrie, l'assurance obligatoire est possible.

Pour ceux, au contraire, qui sont attachés à la petite industrie, il faut considérer qu'au moyen d'une première épargne ils peuvent espérer devenir eux-mêmes petits patrons, mais qu'alors ils ne seront guère plus riches que leurs ouvriers, c'est pourquoi demander d'une part une deuxième économie à l'ouvrier, et d'autre part obliger le petit patron à participer à la retraite de celui-ci empêcherait le premier d'arriver à la réalisation de ses désirs et pourrait ruiner le second.

Il est un moyen de concilier les deux systèmes : ce serait, tout en se basant sur l'obligation, de laisser chacun libre de verser ce qu'il pourrait.

Ce serait donc l'assurance obligatoire avec versements facultatifs.

Voilà quelques principes établis. Comment maintenant fonctionnera notre caisse. Nous nous servirons pour cela de l'armée des mutualistes et des syndiqués qui existe en France. Nous tendrons à faire obtenir aux syndicats professionnels les avantages accordés aux mutualités. L'Etat paiera au 1er Janvier les subsides de l'année précédente. Ceux-ci ne seront pas à la merci d'un vote budgétaire, mais seront établis par une loi. Les municipalités seront chargées de contrôler si chacun verse à la retraite. En un mot, nous nous tiendrons au statu quo quant à la façon d'obtenir la retraite par les mutualités. Nous demanderons pourtant à l'Etat de laisser plus d'autonomie aux caisses pour le placement de leurs fonds tout en continuant à exercer un certain contrôle. Ce que nous lui demanderons surtout, c'est d'encourager davantage les efforts faits par la classe laborieuse, efforts qui d'ailleurs contribueront pour une large part à soulager l'assistance publique.

Le buffet du Sillon à l'Hôtel du Ballon

La parole est alors donnée à M. Joye, de l'Université de Fribourg qui présente les observations suivantes :

L'exposé de M. Colle, si je l'interprète exactement, place la question des Retraites Ouvrières sur le terrain de l'obligation à l'assurance, pour tous les salariés.

Je suis très heureux de cette manière de voir, qui est un point de contact de plus, entre les catholiques sociaux de tous les pays, et je me fais un devoir de remercier M. Colle, et de le féliciter de la manière dont il a excellement caractérisé les différentes législations étrangères, et l'idée qui a inspiré leur établissement.

L'Allemagne seule a promulgué une loi d'assurance obligatoire. L'Italie et la Belgique ont des institutions législatives qui encouragent l'assurance et subventionnent les différentes caisses qui, par le système mutuel, veulent résoudre la question grave des Retraites Ouvrières.

M. Colle, tout en se déclarant partisan de l'assurance obligatoire pour tous les travailleurs, veut l'organiser par le système mutualiste, afin de ne pas laisser à l'Etat le maniement des sommes importantes que nécessite l'assurance invalidité ou vieillesse.

Il faut cependant remarquer que la forme mutualiste exclut par elle-même l'assurance obligatoire, puisque son principe de base est la non-intervention de l'Etat, c'est-à-dire la non-obligation à l'assurance.

Voyons d'autres raisons importantes qui font du système purement mutualiste un système presque inapplicable :

1° La forme mutualiste appliquée aux Retraites Ouvrières créera des groupements, des sociétés, soit par contrée, soit par métier ; comme il n'y aura pas d'organe central qui rétablisse l'équilibre financier pour les sociétés plus obérées que d'autres, celles-ci ne pourront pas satisfaire à leurs engagements ;

2° Le taux des cotisations doit être fixé d'une manière à peu près stable pour un certain nombre d'années.

3° Avec le système mutualiste, il faut assez longtemps pour que les capitaux soient assez élevés pour produire toutes les rentes à distribuer. Les ouvriers qui, après peu de versements, sont rendus invalides, ou qui, âgés de 60 ans au moment de la promulgation de la loi demandent, atteints par l'âge, leur rente de vieillesse, recevront très peu de chose, les capitaux de couverture n'étant pas assez considérables ; et cependant le système de la répartition pur et simple, c'est-à-dire le système de la transformation des cotisations annuelles en rentes annuelles sans aucune capitalisation, n'est pas possible, à cause du danger qu'il y a de voir, une année, les rentes à distribuer dépasser les cotisations à percevoir.

Il faudrait, dans ce cas, élever les cotisations : ce qui fait perdre aux assurés la confiance en la loi et en ses organes.

Le système mutualiste ne peut donc pas convenir à l'assurance invalidité ou vieillesse obligatoire. Mais n'y a-t-il pas un autre système plus pratique et surtout plus expérimenté.

La loi allemande de 1889 l'a introduit et, depuis douze ans, il faut reconnaître qu'il n'a donné lieu qu'à de petites critiques de détails ; le principe même est tout-à-fait inattaquable.

Ici M. Joye fait un exposé de la loi allemande et de ses résultats, il conclut :

Il est facile de trouver un système analogue à celui de la loi allemande qui organise l'assurance obligatoire MUTUALITÉ ET VIEILLESSE en excluant le système purement mutualiste.

Il semblerait qu'il est impossible de disjoindre l'assurance invalidité de l'assurance vieillesse.

Théoriquement, oui ; pratiquement, non. La vieillesse éloigne l'ouvrier de l'atelier ; mais, combien plus les infirmités frappent-elles avant l'âge le plus grand nombre des travailleurs.

En résumé, ce système à introduire en France renfermerait les propositions suivantes :

1° L'assurance serait obligatoire ;

2° L'assurance, en France, serait organisée par des établissements RÉGIONAUX autonomes qui auraient personnalité civile ;

3° Un fonds commun, FONDS DE COMPENSATION, serait l'organe qui maintiendrait l'équilibre entre les différentes caisses. (Projet Ricard).

4° L'assurance vieillesse étant facilitée par sa combinaison avec l'assurance invalidité, la loi à établir indiquerait le caractère secondaire de l'assurance vieillesse.

5° La subvention annuelle de l'Etat serait garantie aux établissements régionaux et l'Etat n'aurait qu'un contrôle financier.

6° La loi déterminerait la cotisation, la rente, les limites d'âge, le système de couverture, enfin tous les points dont la résolution ne dépend pas du principe de l'obligation, ni de celui de l'autonomie des caisses régionales.

Voilà donc, très brièvement résumées, les quelques idées soulevées par le rapport de M. Colle et que j'espère voir bientôt réalisées en France.

J'ajoute simplement qu'il existe un moyen pratique de faciliter, dès maintenant, en attendant la loi, la retraite aux jeunes enfants et aux fils d'ouvriers. C'est la mutualité scolaire, elle les mettra, grâce à leurs versements hebdomadaires, à la tête d'un capital qui, plus tard, augmentera leur rente.

M. Cardot, le Dr Raoult, de Nancy, M. Maitre, de Morvillars, le camarade Perney, de Thaon, M. l'Abbé Gass interviennent ; l'assemblée reste hésitante. Il est visible pourtant qu'un courant se dessine en faveur de l'obligation ; mais on a peur de l'Etat : la retraite obligatoire ne sera-t-elle pas entre ses mains une arme de plus contre la liberté ?

Dans cette perplexité, la jeune assemblée prend une détermination qui lui fait le plus grand honneur ; loyalement elle se reconnaît insuffisamment préparée à discuter les opinions contradictoires qui lui ont été soumises ; elle constate que, dans son sein, le nombre de ceux qui ont étudié la question est trop peu considérable ; elle décide donc… de s'abstenir pour cette fois.

Cette détermination n'est pourtant pas un moyen d'esquiver la question ni de ménager toutes les opinions, car on vote immédiatement la résolution suivante :

Le Congrès, estimant que la question des Retraites Ouvrières doit être étudiée de plus près, émet le vœu que cette question soit mise à l'ordre du jour du prochain Congrès du Sillon.

Après le repas,
Départ pour le Meeting.

EN ROUTE POUR LA CONFÉRENCE DE MARC SANGNIER

A 4 heures, après avoir assisté à un Salut du Saint-Sacrement, les congressistes quittent le Grand Cercle et se dirigent vers l'ancienne Eglise St-Joseph, où doit avoir lieu la Grande Conférence de Marc Sangnier.

Les groupes se succèdent sur la route large et poussiéreuse, et les derniers rangs, qui voient devant eux toute cette foule, se plaisent à mesurer l'étendue de l'action que ces jeunes pourront exercer autour d'eux, une fois rentrés dans leurs communes.

Durant le parcours, on entend discuter encore la question des Retraites Ouvrières ; beaucoup regrettent qu'on ne se soit pas définitivement prononcé en faveur du principe de l'obligation, et tout en discutant, on arrive aux portes de la salle de la Conférence.

La Salle

Pour permettre à tout le monde d'y trouver place on a dû enlever chaises et bancs ; et encore à-t-on été obligé de n'admettre que les hommes. Cependant, l'immense salle rectangulaire se remplit rapidement et le monde entre toujours. A cinq heures, la fanfare attaque la *Marseillaise*, mais les cuivres eux-mêmes sont couverts par les voix des trois mille assistants, qui chantent à pleins poumons l'hymne national.

Aussitôt après, notre camarade Gay, qui préside la réunion, assisté de nos camarades Emile Albiser, correspondant vosgien du *Sillon*, Arcari, du *Fascio Democratico*, de Milan, récite un *Notre Père*, et donne la parole à Marc Sangnier.

Le Discours de Marc Sangnier

Marc Sangnier a pris pour sujet : « *A la conquête de l'Ame Française* ». Nous donnons le résumé de sa Conférence d'après l'analyse très exacte qui a parue dans l'*Osservatore Cattolico* de Milan, du 6 juin. Comme ce journal, nous regrettons seulement de ne pouvoir reproduire que quelques idées de ce discours vibrant qu'à maintes reprises des tonnerres d'applaudissements ont interrompu.

A la vue de ces trois mille auditeurs, l'orateur ne peut s'empêcher de s'écrier en commençant : « Qui donc, Camarades, croira en voyant le spectacle qui nous est offert en ce moment même, que le catholicisme est prêt à mourir en France ; et qui donc oserait prétendre que le Christ va être encore une fois scellé sous la pierre sépulcrale de l'indifférence ? »

Puis il constate qu'à l'heure du péril, le peuple a retrouvé son ancienne énergie, et que M. Combes, se souvenant sans doute de son passé, remplit les églises de Paris et grossit les bataillons des amis de la liberté et des vrais penseurs libres.

Danger à éviter

« Croyez-vous, ajoute-t-il, que de cet important Congrès de Belfort ne naîtra pas un espoir immortel, qu'il n'en sortira pas une force nouvelle nous permettant de préparer l'avenir et de défendre la démocratie française ? »

Très nettement, Marc Sangnier attire l'attention de son auditoire sur un danger à éviter. Il ne faut pas que le souci de la défense religieuse arrête la marche en avant des catholiques au point de vue social. Ils ne doivent pas se contenter de repousser ceux qui veulent troubler l'exercice du culte, leur tâche est plus vaste.

« Nos adversaires, dit-il, se sont certainement persuadés que par leurs violences ils nous forceraient à la défense passive, oui, à la seule œuvre égoïste de la défense personnelle ! Ils se trompent. La défensive n'est pas française. Les jeunes bataillons du *Sillon* veulent reconquérir l'âme contemporaine, l'âme du peuple, dont les véritables intérêts sont trahis par des intrigants à la solde d'une propagande de haine. Cette conquête, nous la ferons, car le gouvernement de M. Combes passera et l'âme française ne se laissera pas avilir. »

La Nuit du 23 Mai

Le Président du *Sillon* rappelle en quelques mots les évènements et les attaques qui ont suivi la conférence des Mille Colonnes.
Il constate que jamais on n'arrête une doctrine par l'assassinat et
qu'un parti qui répond aux raisons par le poignard se condamne
lui-même.

« Pourquoi ces violences ? et pourquoi veut-on nous enlever le
droit de parler de la démocratie, de l'aimer et de la défendre ? »

Catholicisme et Démocratie

Qui dit démocratie, dit catholicisme. Les doctrines économiques matérialistes érigent en loi la lutte pour la vie, et la sélection
naturelle ; elles aboutissent donc à la tyrannie du fort sur le
faible, et à la subordination de celui-ci au plus puissant. Elles
sont donc absolument antidémocratiques. Le christianisme seul
engendre la vraie démocratie. Son commandement fondamental
impose l'amour de tous, et on le retrouve chez ceux même qui
parfois le combattent.

« Nos adversaires puisent le peu de sens démocratique qui leur
reste dans une réserve inconsciente de la doctrine chrétienne fixée
dans leurs cœurs ; ils détruisent la croix plantée sur les voies
publiques et au sommet des édifices de la France, mais ils ne
l'empêcheront pas de dominer les aspirations d'un grand nombre
de républicains français ».

Comment doit commencer la Conquête de l'Ame Française

« Nous voulons que la grande révolution qui doit fonder la
société nouvelle commence par ressusciter en nous, dans toute leur
force, les principes vivifiants de la démocratie véritable ».

Marc Sangnier insiste beaucoup sur ce point. Il faut avant
tout se réformer soi-même, se faire un esprit véritablement démocratique. Il faut respecter le passé, mais il faut aimer le progrès,
il faut travailler à l'élaboration d'un avenir meilleur ; et, ce labeur
nous devons le faire pour le bien de tous, car à aucun prix nous

ne saurions être les hommes d'un parti ou d'une coterie ; nous sommes tous, uniquement et toujours, les défenseurs du catholicisme.

Enfin nous devons être tolérants parce que nous sommes forts, et que l'intolérance est le propre de la faiblesse..

La Tolérance

« On nous dit : Comment pouvez-vous avoir l'espoir de convaincre ceux qui ont des yeux et ne veulent pas voir ? Mais, Camarades, je me demande quel mérite nous aurions d'être loyaux seulement avec ceux qui professent la loyauté. Notre mérite est de rester plus forts que la haine, en face des habitués des embuscades et de l'assassinat.... Nous voulons replanter dans la conscience nationale le respect nécessaire de la liberté religieuse ; nous y arriverons non seulement par les livres et les discours, mais encore et surtout par les actes et les généreux exemples ».

Alors Marc Sangnier rappelle l'impression produite sur Charbonnel et Bérenger, par le silence dans lequel on les écouta aux Mille Colonnes.

A la tolérance il faut joindre :

La Sincérité

C'est encore une condition essentielle pour conquérir l'âme française ; l'orateur y revient à nouveau : il ne faut jamais déformer une doctrine po · la mieux combattre, et il ne faut pas, en travaillant pour la démocratie, avoir d'arrière-pensée.

« Gardons-nous surtout, s'écrie-t-il, de lier le sort de la religion aux cadavres des doctrines mortes ou qui vont mourir. Non, personne d'entre nous, même celui que la reconnaissance attache au passé, n'a le droit d'arrêter la marche du catholicisme qui ne doit être ni au centre, ni surtout à l'arrière-garde, mais au premier rang de ceux qui luttent pour le progrès. Nous gagnerons le respect de nos concitoyens en leur montrant que ce n'est pas l'intérêt qui nous enchaîne à la République et à la Démocratie, mais que

Groupe de Congressistes au sommet du Ballon

nos convictions républicaines et démocratiques sortent spontanément de nos âmes. Oui, Camarades, nous nous disons démocrates,
non pas parce que nous en tirons quelque profit ou quelques
applaudissements, mais parce que ce mot répond à la réalité.
Nous nous appelons démocrates et nous le sommes. Cette franchise
vaut mieux que la feinte qui appauvrit un pays pour faire aboutir
les plans d'une secte tyranique ».

Cette sincérité s'impose aux adversaires malgré eux. *L'Aurore*
aujourd'hui même, tout en attaquant *le Sillon* dans un article de
tête, est obligée de rendre hommage à « l'absolue sincérité » de
ceux qui en font partie.

C'est déjà un résultat.

Le rapide développement du Sillon
en est un autre :

Marc Sangnier rappelle, qu'il y a quatre ans, ils n'étaient
encore que cinquante au *Sillon*, et que parfois ils se demandaient
si leurs rêves, qui se réalisent aujourd'hui au delà de leurs espérances, n'étaient pas présomptueux. Il constate que ses amis et
lui avaient choisi le bon terrain, puisque maintenant on peut
espérer une belle moisson.

Il salue déjà l'époque où les socialistes désabusés, acculés au
césarisme par la tyranie sectaire de M. Combes, trouveront
debout les seuls catholiques, et devront reconnaître que là est la
vérité et la vie.

« Maintenant la voie est tracée et aucune force du monde ne
pourra nous empêcher d'avoir raison et de donner la vie pour la
vérité. Le Christ, nous en avons conscience, Camarades, revivra
en nous, et par Lui nous serons invincibles. La violence des sec-
taires sera le piédestal de notre gloire..... Les empereurs romains
en donnant l'ordre de verser par les rues de Rome, des torrents
de sang chrétien, ne faisaient que féconder d'une rosée mystique,
l'arbre de l'Eglise. Il en sera de même pour nous, et le sang versé
par nos camarades dans les rues de Paris sera le gage des victoires
futures ».

L'Union entre Catholiques

En terminant, l'orateur parle de l'union qui doit exister entre les catholiques. Voici les dernières phrases de son magistral discours :

« Grand nombre de chrétiens appellent l'union entre les catholiques. Nous aussi, nous voulons l'union ; mais l'union qui marche et agit, l'union pour la conquête de l'avenir, et le salut de la démocratie française,.. et non pas l'union à l'arrière-garde, l'union dans le piétinement sur place. Non ! Unissons-nous, mais unissons-nous en restant ce que nous sommes : républicains et démocrates. Unissons-nous en conservant notre esprit ; ainsi, bientôt, un souffle de liberté passera sur notre pays, traversera les clochers de nos églises, et le catholicisme, — qui est la plus anticléricale des religions — réprimera le cléricalisme maçonnique. Pour cela, Camarades, sachons non seulement mourir, mais surtout vivre pour la cause,. de cette façon nous forcerons l'âme française à s'ouvrir à la vérité, nous l'arracherons des mains meurtrières et impures de ses geôliers, et nous lui rendrons la liberté des disciples du Christ. Le voulez-vous, Camarades ? »

Après la Conférence

Marc Sangnier s'est assis. L'immense auditoire lui fait une ovation prolongée. Une voix domine les acclamations : c'est celle du camarade Martin, de Thaon-les-Vosges, qui réclame un ban ; et aussitôt, ces trois mille hommes, enthousiasmés, vibrants, battent avec frénésie un formidable ban, en l'honneur du Président du *Sillon*. Puis les vivats reprennent, entrecoupés seulement par les cris de : Vive Sangnier ! Vive le *Sillon* !

Dès que le silence commence à se rétablir, le camarade Gay se lève et demande si quelqu'un veut poser des objections ou désire des explications complémentaires. Personne ne se présente. (Jay fait alors connaître qu'il a reçu de plusieurs membres, la proposition d'adresser au Pape Léon XIII, la dépêche suivante :

« Trois mille citoyens réunis Conférence Marc Sangnier, au Congrès du Sillon à Belfort, adressent à Sa Sainteté, hommage de leur respectueux dévouement et acclament le Pape de la Démocratie » (1).

La proposition est adoptée à l'unanimité ; la salle entière pousse des vivats en l'honneur du vieillard du Vatican, et tandis que la fanfare attaque la *Marseillaise*, la foule s'écoule lentement au chant de l'hymne national.

La Sortie

Les alentours de la salle où vient d'avoir lieu la Conférence de Marc Sangnier présentent en ce moment un curieux aspect. Partout se forment des groupes, qui grossissent sans cesse, au fur et à mesure que sortent les auditeurs. Dans tous ces groupes, on parle du discours qu'on vient d'entendre, on souligne les passages dont on a été le plus frappé, et les mots qu'on retrouve sur toutes les lèvres, dénotent le ravissement et l'enthousiasme de chacun.

On semble ne vouloir s'éloigner qu'à regret de l'endroit où on a entendu le Président du *Sillon* et plus d'un pense tout bas, ce que dit un des assistants : « Quand bien même, je n'aurais vu et entendu aujourd'hui, que le quart de ce que j'ai vu et entendu durant cette Conférence, je ne regretterais pas mon voyage à Belfort ».

Tout à coup, de nouvelles acclamations et de nouveaux cris retentissent ; ils gagnent de proche en proche, bientôt toute cette foule salue encore une fois celui qu'elle a applaudi, et qu'elle vient d'apercevoir au milieu d'elle.

---

(1) Le lendemain, on recevait la dépêche suivante du Cardinal Rampolla : « *Apprant hommages des catholiques réunis à votre conférence, Saint Père les bénit de cœur. — M. Card. Rampolla.* »

Spontanément, les rangs se forment, une imposante et digne manifestation s'organise.

Elle parcourt les faubourgs de Belfort entre en ville, et ne se disperse qu'à la porte de l'Institution Sainte-Marie, où doit avoir lieu le banquet. Durant tout ce long-parcours, pas un seul cri hostile ne s'est fait entendre ; dans ces quartiers ouvriers, qu'on dit si fort anticléricaux, la manifestation n'a provoqué d'autre sentiment que la sympathie. Les fenêtres, les jardins se garnissent de curieux, étonnés de ce qu'ils voient, et tout surpris du grand nombre d'auditeurs qu'avait attiré la Conférence de Marc Sangnier.

Nos amis avançaient toujours. Tantôt la foule immense acclamait le Président du *Sillon*, et les cris de : « Vive Sangnier » répétés à l'infini semblaient un écho lointain de l'ovation qui terminait son discours.

A d'autres moments, une voix entonnait la *Marseillaise*, et ces milliers d'hommes chantaient l'hymne national dont on alternait les couplets avec le refrain du *Sillon :*

> Ohé les Bourgeois de la Cité
> Voilà le Sillon qui passe
> Ohé les Bourgeois de la Cité
> Voilà le Sillon passé.

Marc Sangnier porté en triomphe

Au moment de franchir la porte des fortifications, deux de nos camarades — l'un grand et l'autre petit — saisissent Marc Sangnier et le juchent tant bien que mal sur leurs épaules de hauteurs inégales.

L'enthousiasme redouble, les mouchoirs s'agitent, les chapeaux s'élèvent au-dessus des cannes, et les voix qui commencent déjà à se briser, retrouvent toute leur force pour chanter une dernière fois la *Marseillaise*, dont les derniers couplets s'achèvent devant la porte de l'Institution Sainte-Marie.

On acclame encore le *Sillon* et Sangnier, puis tandis que les intrépides vont voir la Statue « Quand Même » et le « Lion de Belfort », la manifestation prend fin et chacun se retire ravi.

Le Banquet

Quatre cent soixante-huit de nos camarades se retrouvaient au banquet quelques instants après. Sous la vaste tente, qui, à midi, nous avait abrités contre le soleil, les tables étaient de nouveau dressées. Le discours de Marc Sangnier et la manifestation de tout à l'heure font l'objet de toutes les conversations et on ne peut assez redire combien ce premier Congrès Régional des Cercles d'Études de l'Est a été merveilleusement réussi. On n'a pas le moindre desideratum à exprimer, aussi la joie est complète, elle se manifeste bruyamment, les conversations s'animent et tous ceux qui connaissent le *Sillon* ne seront pas étonnés d'apprendre qu'à ce banquet, comme partout, on a senti vibrer « l'âme commune » qui unit tous ceux qui se réclament du *Sillon.*

Le Punch — Les Toasts

Cette communauté d'idées et d'aspirations s'est révélée plus pleinement encore à l'heure du punch. Nous étions alors près de 700 réunis sous la vaste tente. Arcari de Milan ouvre la série des toasts, puis Meyer du *Sillon* se félicite des résultats obtenus, boit au développement rapide des Cercles d'Études et des Instituts Populaires et remercie les organisateurs du Congrès. Georges Colle lui répond au nom du Cercle d'Études de Belfort. Successivement,

Jean Brunhes, de Fribourg, l'Abbé Gasser de Strasbourg, Perney le délégué de Thaon-les-Vosges, notre Oncle Cousin, Boysson d'Ecole, Esseiva de Fribourg (Suisse), Cardot, Bedey de la *Chronique du Sud-Est*, Dubail-Roy et d'autres encore, viennent dire leur foi invincible à la démocratie, et leur dévouement à la cause. Emu par tout ce qu'il voit, un de nos amis ne peut s'empêcher de constater ce magnifique élan des jeunes de France (il le qualifie même d'épatant) et il demande aux divers professeurs de séminaires qui ont suivi le Congrès, de former des prêtres nombreux qui comprennent et partagent ces nobles aspirations démocratiques.

Beaucoup d'autres congressistes ont pris la parole et c'étaient toujours les mêmes sentiments qu'on exprimait. Un jeune polonais les redit à son tour, et notre camarade Tœtgen de Nancy, lui répond en lui rappelant le souvenir de Stanislas de Pologne, duc de Lorraine.

— La parole est à M. le Doyen de Saint-Christophe, dit Marc Sangnier.

Aussitôt l'attention redouble, un vénérable curé se lève, il tient lui aussi à faire connaître sa joie et à donner la preuve de sa sympathie pour le *Sillon*. On lui fait une ovation prolongée.

Nous sommes heureux de pouvoir donner ici in-extenso le toast de M. le chanoine Beurier, curé de Belfort :

MES CHERS AMIS,

Un curé, un vieux curé surtout, ne sait guère faire que des sermons. Mais, puisque votre estimé Président le demande, je m'exécute, et m'efforcerai d'être aussi peu sermoneur que possible.

Ce sera pour dire l'évolution rapide que j'ai vu se produire au cours de ma carrière, dans les idées comme dans les évènements, et spécialedàns le ministère de la parole.

Au temps de ma jeunesse, le prêtre était à peu près exclusivement investi du ministère de la parole au peuple. Lui seul, du haut de la chaire, était qualifié pour venger les outrages à la vérité et revendiquer les droits de la Justice. Ce fût la diffusion effrenée des doctrines subversives qui obligea d'ajouter peu à peu au ministère officiel l'action personnelle des citoyens chrétiens. Des associations de zèle se formèrent d'abord, sous une forme de conservatisme timide pour la garantie des intérêts matériels et de l'ordre public ; puis, sous l'égide du nationalisme et autres dénominations, pour la défense de l'honneur et de l'indépendance nationales.

Aujourd'hui enfin, allant droit au but, et s'adressant directement au peuple, c'est la démocratie chrétienne qui se lève. Elle se place résolument sur le véritable terrain de la lutte : le terrain franchement religieux. J'en vois un édifiant essort dans cette pétillante jeunesse du Sillon ici assemblée. J'entends avec admiration ses orateurs s'inspirer sans réticence des principes de l'Evangile, défendre les droits des vérités chrétiennes, proclamer bien haut que le but premier de leurs travaux est la gloire du saint Nom de Jésus-Christ.

C'est un ministère nouveau : le ministère laïc.

Je le signale, Messieurs, non pour le blamer, mais bien pour le saluer et l'acclamer. Il me rappelle, en cette fête de la Pentecôte, la prophétie de Joël : « Un jour viendra, où je répandrai mon Esprit sur toute chair, et vos fils ainsi que vos filles prophétiseront... »

Mais voici que je retombe dans le sermon.

Aussi bien, ce ministère est-il devenu opportun en nos jours, où la parole du prêtre est ou délaissée ou insuffisante.

Un esprit entreprenant a entrevu et inauguré cette évolution, il y a quelque vingt ans déjà. On le nomme le P. Hecker. Protestant converti, anglais d'origine, américain d'adoption, le P. Hecker utilisant les libres allures des Etats-Unis, se mit à porter l'enseignement dogmatique et la controverse religieuse hors des églises, dans les lieux de réunions populaires, voire même sur les places publiques et jusque dans les établissements de consommation.

Les hardiesses du P. Hecker lui valurent un prodigieux succès.

Il groupa autour de lui une phalange de prédicateurs nouveau modèle, lesquels, établis en association, continuent, je crois encore, le ministère tout démocratique de leur fondateur.

Ce sera, peut-être, Messieurs, pour tous, le ministère de demain.

Quoiqu'il en arrive, le P. Hecker fut exposé au danger de tous les novateurs ; celui de dépasser quelque peu la mesure de l'esprit d'indépendance. Il eût besoin d'être rappelé à la nécessité heureuse du contrôle et de la direction des supérieurs ecclésiastiques, auxquels, nous le savons tous, ont été confiées par Jésus-Christ, la garde de la vérité pure et la charge de conduire les agneaux et les brebis.

Cet écueil ne sera pas le vôtre, mes amis. Votre déférence et votre soumission aux Pasteurs de l'Eglise sont écrites en tête de votre programme. Continuez donc à donner un libre essor à la jeune ardeur de votre zèle. Gardez en honneur la cocarde du Sillon, et qu'elle rende chacun de vous toujours fidèle à la devise des anciens :

Chrétien est mon nom, Catholique est mon surnom.

Des acclamations unanimes accueillent la péroraison du toast de M. le curé de Belfort et un double ban est battu en son honneur.

Marc Sangnier lit ensuite deux dépêches des Cercles d'Etudes de l'Aisne et du Congrès des Travailleurs Chrétiens réunis à Rennes. Puis il prononce une dernière et vibrante allocution.

On allait se retirer, mais les congressistes réclament l'Abbé Rémond.

L'Abbé, que ses fonctions de délégué à l'organisation et aux vivres absorbent complètement, après s'être fait prier, se borne à constater qu'il est déjà tard, que le lendemain on devra se lever de bonne heure et qu'en conséquence il se faut coucher sans plus tarder.

Le Coucher

« Chacun s'en fût coucher », comme dans la chanson ; les « veinards » dans les lits, les autres sur la paille. Les adhésions étaient venues si nombreuses, qu'il fût impossible de procurer des lits à tous ; malgré la gêne que s'imposèrent tous nos camarades de Belfort et les concours dévoués qu'ils ont rencontrés autour d'eux. Il serait certainement exagéré de dire que le silence le plus complet régna dans les vastes dortoirs et qu'on y dormit beaucoup. Mais a-t-on le droit de dormir, après de telles journées ?

LE MEETING AU BALLON D'ALSACE

Le lendemain matin, nous nous trouvons un millier sur les quais de la gare. A sept heures, le train spécial remorqué par deux locomotives s'ébranle dans la direction de Giromagny où nous attend le peloton des cyclistes venus de Belfort, ainsi que huit cents compagnons accourus des villages environnants. Et nous voilà déambulant crânement, étendards au vent, au son des fanfares, à travers Giromagny et Lepuix. Nous formons une formidable colonne, qui s'étale sur plus d'un kilomètre.

Petit à petit la vallée se rétrécit. Nous traversons des gorges d'un pittoresque charmant : la fraîcheur matinale de la forêt succède à la route poudreuse brûlée par le soleil ; nous nous plaisons à respirer l'air pur et vivifiant de la montagne et à contempler les sites remarquables que nous traversons, tandis que le murmure des eaux sur les rochers accompagne notre marche et supplée aux éclats sonores des fanfares.

Après une heure et demie de marche, nous arrivons au Saut-de la Truite ; encore autant et nous sommes en haut. Mais, la montée devient plus raide ; car on a abandonné la route pour le sentier et quel sentier ! Figürez-vous un escalier rapide et tourmenté, taillé dans le roc, se continuant sur plusieurs kilomètres, c'est pire qu'au temple d'Hiram. Malgré la fraîcheur de la forêt, la sueur perle sur le front, les jarrets surmenés rendent la respiration pénible ; aussi cause-t-on beaucoup moins, on se contente d'admirer dans son fort intérieur la splendide nature.

Enfin ! Nous débouchons sur la grand'route ; voici l'hôtel du Ballon ; devant nous, une pancarte : « Buffet du Congrès du Sillon. » Nous donnons notre ticket et nous sommes aussitôt servis : une bouteille de vin, un pain et un paquet gentiment ficelé. C'est tout ce qu'il faut pour satisfaire l'appétit suffisamment ouvert par trois heures d'ascension. Une sapinière nous sert de salle à manger, la mousse nous fournit une nappe, où nous nous installons commodément en petits groupes...

Une heure après, le cortège se reforme et nous continuons l'ascension au son de marches entraînantes enlevées avec brio par les fanfares ; le dernier mamelon est enlevé au pas de charge. Déjà une foule nombreuse nous y attend. Ce sont nos amis des autres versants du Ballon ; ils sont montés de St-Maurice, de Servance, de Sewen. Avec eux, nous sommes plus de trois mille. On se masse autour d'une table d'orientation, sur laquelle vont camper les orateurs.

Les fanfares jouent la *Marseillaise* aussitôt reprise par trois mille poitrines. Le spectacle est saisissant : tandis que, dans les vallées voisines, les nuages s'amoncellent, que l'orage éclate avec fureur, formant autour de nous une mer de brume, le sommet du Ballon semble émerger comme une île au milieu de cet Océan agité, et le tonnerre vient entrecouper de sa voix majestueuse les accents solennels de cette foule enthousiaste, et des cuivres son res. Cependant l'hymne a pris fin et la foule maintenant silencieuse écoute les allocutions vibrantes, qui lui sont adressées : Gay remercie les Congressistes et redit les espérances nées de ces deux journées ; Cousin leur parle du grand devoir de la liberté et du travail qu'impose ce devoir ; Marc Sanguier rappelle les multiples raisons de croire en un avenir meilleur, en une démocratie plus juste et mieux organisée ; Jean Brunhes, dans un superbe élan oratoire, montre les vallées défrichées par les moines, redit leur dur labeur, montre comment leur action peut être, à l'heure

Le Meeting

actuelle, plus féconde que jamais et ouvre aux Congressistes de vastes horizons sur les réformes démocratiques auxquelles doivent tendre leurs efforts ; Greuell, dans une chaude improvisation, nous affirme, au nom des Camarades du Congrès la ferme intention de ceux-ci de travailler au développement du mouvement d'éducation démocratique ; le chanoine Barotte, de Thaon, parle de l'action républicaine et démocratique du clergé.

Enfin pour terminer la fête, on entonne en chœur le Magnificat et la *Marseillaise*, qui redisent une dernière fois nos deux grands amours : l'amour du Christ et de la Patrie.

Avant de se séparer, la fanfare Jeanne d'Arc du Val-d'Ajol, qui s'est fait remarquer de tous, ainsi que la fanfare de St-Joseph de Belfort, jouent encore quelques morceaux, pendant que les gymnastes d'Epinal exécutent des pyramides très réussies.

C'est aux cris mille fois répétés de « Vive le Sillon! » et « Vive Sangnier » que prend fin cette grandiose manifestation, qui couronna si dignement le Congrès de Belfort, et dont tous les témoins garderont un souvenir impérissable.

Les adieux au sommet !

Le prochain Congrès Régional des Cercles d'Etudes de
l'Est aura lieu à Epinal le Dimanche de la Pentecôte ; le
lendemain lundi, aura lieu une promenade-meeting aux
environs d'Epinal.

IMPRIMERIE
Vᵉ Pelot-Martelet
5, Avenue de l'Arsenal
BELFORT